Axel Beyer

IMMER AUSSCHLAFEN IST AUCH KEINE LÖSUNG

Aufheiterungen für die dritte Lebenshälfte von A bis Z

www.tredition.de

© 2020 Axel Beyer
Umschlag, Illustration: Anne Dohrenkamp

Verlag & Druck: tredition GmbH, Halenreie 40-44, 22359 Hamburg

ISBN
Paperback: 978-3-347-02542-4
e-Book: 978-3-347-02544-8

Das Werk, einschließlich seiner Teile, ist urheberrechtlich geschützt. Jede Verwertung ist ohne Zustimmung des Verlages und des Autors unzulässig. Dies gilt insbesondere für die elektronische oder sonstige Vervielfältigung, Übersetzung, Verbreitung und öffentliche Zugänglichmachung.

IMMER AUSSCHLAFEN IST AUCH KEINE LÖSUNG

Aufheiterungen für die dritte
Lebenshälfte von A bis Z

Von Axel Beyer

Ein Vorwort

Sie haben es geschafft? Dann herzlichen Glückwunsch! – Sie müssen noch arbeiten? Dann herzliches Beileid! Aber keine Bange, der Tag wird kommen. Und dann heißt es: Erstmal Ausschlafen! – Und dann?
Immer nur ausschlafen ist auch keine Lösung!
Der Kindergarten bereitet uns auf die Schule vor, die Schule auf die Ausbildung, die Ausbildung auf den Beruf. Und wer bereitet uns auf die dritte Lebenshälfte vor, auf den Ruhestand? Darauf, dass Sie ab sofort Zeit haben?

Dieser kleine Lebenshelfer hier soll Sie auf all die Gefahren aufmerksam machen, die im Ruhestand lauern, aber auch auf all die Chancen, die diese Zeit bieten kann. Lassen Sie sich diese wunderbaren und nicht mehr allzu vielen Jahre nicht durch falsche Vorschriften vermiesen, und verhindern Sie unbedingt, dass andere Ihnen auf die Nerven gehen. Machen Sie das lieber selber, und lassen Sie sich nichts mehr gefallen. So wie ich.

Und vielleicht können meine Erlebnisse Ihnen helfen, weil Sie wissen, dass es auch anderen so geht wie Ihnen. Mir auf jeden Fall. Und eines ist klar: WIR sind wirklich ausgeschlafen!

Die Themen:

Anfang

Älter

Bahn

Credo

Diät

Ehrlich? Natürlich!

Fliegen

Geräusche

Hilfe – uns wird geholfen!

Incentives

Jugendwahn

Krabbensalat

Libido

Milde

Negativ

Onlein Bänking

Öffentlicher Nahverkehr

Polterabend adé?

Quälerei

Reisen in Gruppen

Sport

Telefon

Ungeduld

Übrigens

Verkehrsprobleme

Wehlahn

XY

Zu guter Letzt

Anfang

„Allem Anfang wohnt ein Zauber inne" – wie oft dieser Spruch wohl schon malträtiert wurde. Im Poesie-Album (gibt es sowas eigentlich noch?) und in Festtagsreden. Aber alles fängt mal an – auch die dritte Lebenshälfte. Und irgendwann erwischt es jeden. Sie auch – und mich ebenso. Und dann ist er da, der letzte Arbeitstag. Und eine neue Form des Alltags nimmt ihren Anfang. Mein Leben als Angestellter hatte ein Ende, aber abgestellt war ich deshalb noch lange nicht. Oder gar ruhig gestellt? Das passt erst recht nicht zu mir. Niemand wunderte sich deswegen, dass ich auch an meinem letzten Arbeitstag nicht wirklich ruhig bleiben konnte und mit leichter Ironie auf mein Arbeitsleben in Form einer kleinen Rede zurückblickte. Wie war das denn bei Ihnen? Gab es Blumen und Geschenke? Ich mag gar nicht mehr daran denken…

Dabei denke ich gerne an den Tag selbst zurück, das war ein gutes Gefühl. Alles „zum letzten Mal" zu machen. Super, oder? Ich habe es geschafft. Ich bin raus! Mein letzter Arbeitstag! Und das ist der Anfang vom Rentner-Alltag. Alle Reden sind gehalten, alle Abschiedsrunden gedreht, alle Scheidebecher geleert. Mir geht es super! Ich habe ab jetzt viel Zeit und muss nichts mehr tun müssen.

Am nächsten Morgen fahre ich aus dem Bett hoch. Wieso hat der Wecker nicht geklingelt? Es ist doch halb acht. Ich springe aus dem Bett. Da fällt es mir wieder ein. Ich muss ja nicht mehr ins Büro! Ich habe es ja geschafft. Mir geht es ja super.

Ich lege mich wieder hin. Ein super Anfang! Ich habe ja Zeit. Ich kann ausschlafen.– Nur dass ich eben nicht mehr einschlafen kann. Na gut, stehe ich eben auf. Schließlich habe ich ja den ganzen Tag vor mir. Mir geht es super.

Obwohl, wenn ich ehrlich bin – da gibt es schon das Ein oder Andere, was ich ein ganz klein wenig vermisse. Also wirklich nur ein wenig. Nun ja, vielleicht doch ein bisschen...

Gegen Mittag denke ich zum Beispiel daran, dass es heute in der Kantine Schnitzel gäbe. Das gibt es immer mittwochs. Ich mag Schnitzel. Ob ich vielleicht ... aber nein, doch nicht an meinem ersten freien Tag. Und ich werde mir ja wohl noch selber ein Schnitzel braten können. Auch wenn es in der Kantine wirklich gut ist, und ich hätte ja jetzt Zeit...

Die erste Woche ist rum.

Mir geht es super. Ich habe endlich die Ablage gemacht und angefangen den Keller aufzuräumen. Ich könnte die Bücher im Regal nach den Farben der Umschläge sortieren, wär mal was anderes. Super Idee.

Wie es wohl den Kollegen geht? Irgendwie vermisse ich die doch – also natürlich nur ein bisschen. Ob ich mal anrufe? Ach nee, sonst denken die noch, ich hätte nix zu tun. Pfff – dabei muss ich die CDs noch nach Musikgenres ordnen. Und den Keller könnte ich auch... ach so, den hatte ich ja schon aufgeräumt. Da fällt mir ein, dass ich doch die Biografie von Helmut Schmidt lesen wollte, die man mir vor vielen Jahren zum Geburtstag geschenkt hat. Endlich komme ich mal dazu, super! Ich habe ja jetzt Zeit – aber welche Farbe hatte nochmal der Einband?

Mein Telefon ist kaputt, also MUSS kaputt sein. Seit Tagen klingelt es nicht. Ich rufe mich vom Festnetz auf meinem Handy an. Es klingelt. – Komisch! Dabei hätte ich jetzt viel Zeit zum Telefonieren.

Die zweite Woche ist rum. Ich habe die Bücher jetzt doch wieder alphabetisch sortiert und die CDs auch. Habe dabei die Biografie von Helmut Schmidt wiedergefunden. Kann ich ja jetzt mal lesen. Ich habe ja Zeit. Mir geht's Super. Blättere im Kalender, die vielen weißen Seiten machen mich irgendwie nervös. Was ist heute? Ach ja, Mittwoch. Schnitzeltag. Ich gehe einkaufen. War ich zwar gestern erst, aber irgendwas findet sich schon. Mein Telefon ist immer noch kaputt.

In der dritten Woche stehe ich morgens immer um halb acht auf. Da hat man was vom Tag. Ich habe ja jetzt Zeit. Ganz super.

Ich habe die Bücher im Regal jetzt nach Größe sortiert. Die CDs sind ja alle gleich groß, blöde Dinger. Schaue mal nach, ob der Keller noch aufgeräumt ist. Da klingelt das Telefon. Ich stürze ran. Ein Kollege! Ach, wie reizend! Er will wissen, wie es mir geht und wie mir das Rentnerdasein bekommt. Ob ich mich langweile? Keine Spur! Ich habe so viel zu tun! Ich muss noch Schnitzel kaufen, und ich komme endlich mal zum Lesen.

Ich frage ihn, ob er die Biografie von Helmut Schmidt schon kennt. Ja, ich habe sie mir gerade rausgelegt. – Und wie läuft es so bei Euch? – Gut? Das freut mich. Ja, danke, ich komme gern demnächst mal vorbei. Wie wäre es morgen? Ach so, klar. Dienstreise! Nee, haha, ich muss ja nicht mehr so viel reisen. Habe einfach mehr Zeit zu Hause. Wohin geht es denn? – Ach Berlin, ja da könnte ich auch mal wieder hin, Freunde besuchen. Obwohl die Fliegerei ist ja so umweltschädlich... Wie bitte? Ach, du fährst Bahn. Ja, das ist natürlich besser – dauert nur länger. Wie bitte? Ja, stimmt, ich hätte ja jetzt Zeit!

Aber immerhin komme endlich auch mal dazu, all die Dinge zu tun, die ich immer schon mal machen wollte. Keller aufräumen, haha – kennst du ja! Ja dann, liebe Grüße an die Kollegen und auf bald.

Der Ärmste. Muss noch arbeiten. Ich ja nicht. Mir geht es super. Ich hab ja jetzt Zeit und könnte eigentlich mal was ganz Verrücktes tun. Ich weiß was – ich brate mir einfach mal ein Schnitzel am Donnerstag! Und dann lese ich gleich anschließend die Biografie von Helmut Schmidt. Die soll ja super sein.

Älter

Also älter werden immer nur die anderen. Ich erinnere mich, wie meine Mutter einst protestierend sagte: „Ich fahre nicht mehr mit dem Roten Kreuz. Da sind ja nur alte Leute!"

Recht hatte sie. Aber sie war damals auch schon 84 Jahre alt.

Bahn

Service heißt ja „Kundendienst", also Dienst AM Kunden, nicht dass der Kunde den Dienst verrichtet. Einer der größten Servicedienstleister in Deutschland ist die Bahn. Nun lachen Sie nicht, das ist so. Und dabei ist es wie beim Fliegen – jeder kennt unglaubliche Geschichten von Bahnreisen. Und die meisten sind vielleicht lustig, wenngleich immer erst hinterher. Man kann ja sowieso nix daran ändern.

Aber man kann schreiben. Nicht nur an Eurowings (dazu später mehr), sondern auch an Die Bahn.

„Sehr geehrte Damen und Herren,

ich bin gestern nach Hamburg gefahren und erwartete eigentlich nur eine normale und mehr oder weniger langweilige Bahnfahrt, muss aber sagen, dass die Eventmanager Ihres Unternehmens sich selbst übertroffen haben.

Es begann bereits bei der Anreise zum Hauptbahnhof morgens, wo der übliche Doppelzug der S-Bahn in der morgendlichen Rush Hour durch einen Kurz-Zug ersetzt wurde. (08:36 ab Köln Steinstraße).

Mir war vollkommen klar, dass dahinter die pädagogische Absicht stand, dass uns Fahrgästen noch einmal bewusst werden sollte, wie viel besser wir es normalerweise gegenüber beispielsweise den Fahrgästen in Japan oder China haben. Dort stapeln sich die Gäste jeden Tag, hier mussten wir eben nur ein einziges Mal zusammenrücken, um in Zukunft das großzügigere Platzangebot umso intensiver genießen zu können.

Glückwunsch zu dieser Superidee!

Am Kölner Hauptbahnhof erwartete mich dann Ihre nächste gelungene Überraschung. Der IC 2018 nach Hamburg sollte 5 Minuten später eintreffen. Nun, das nimmt man als Fahrgast ja gelassen hin. Um uns zu testen, wurde kurz darauf die Verspätung auf 10 Minuten erhöht. Einige murrten, aber von diesen Miesmachern darf man sich eben nicht anstecken lassen. Denn jetzt drehte Ihr Team voll auf.

Um 10:10 Uhr sollte der Zug laut Fahrplan fahren, plus 10 Minuten ergibt... ja, da sorgten Sie dafür, dass endlich mal wieder im Kopf gerechnet wurde und nicht immer nur per Computer oder Handy. Denn nun wurde angekündigt, dass auf demselben Gleis VORHER ein Zug um 10:28 Uhr abfahren würde. Sensationell! Das macht Ihnen keiner nach!

Wirklich großartig! Da wurde der Dreisatz bemüht und tatsächlich stellten einige fest, dass da etwas nicht stimmen konnte. Sie haben es geschafft!

Ich fragte dann mal bei einem – übrigens sehr freundlichen – Mitarbeiter Ihres Unternehmens nach, der mir auf seiner App zeigte, dass mein Zug tatsächlich keinesfalls vor 10:30 Uhr abfahren würde. Das war Ihnen natürlich schon länger klar, aber Sie haben sicher geahnt, dass ein Hinweis auf eine Verspätung von 20 Minuten wahrscheinlich eine Massenpanik auslösen würde, was Sie natürlich unbedingt vermeiden wollten. Ein erneutes „Hoch soll er leben" in Ihre Richtung.

Ich finde übrigens auch, dass man niemals alles mitteilen soll, was man weiß. Informationsvorsprünge halten das Gefälle von oben und unten aufrecht. Und wir standen zwar oben auf dem Bahnsteig, aber als Bahnnutzer sind wir eben ganz unten.

Und dann liefen Sie tatsächlich noch ein weiteres Mal zu großer Form auf! Plötzlich eine Ansage, ganz unvermittelt und ohne Vorwarnung:

„Der IC 2028 nach Hamburg fährt abweichend auf Gleis 2 statt Gleis 4 ein".

Holla, was für eine kühne Idee. Da haben wir zum Teil schon 30 Minuten lang auf dem Bahnsteig gestanden, natürlich steigt da die Thrombosegefahr.

Also schickten Sie alle mit Ihren Koffern zunächst die Treppe runter und dann auf dem Nebenbahnsteig die Treppen wieder rauf. Das hält in Form und weckt die Lebensgeister. Und nur unverständige Zeitgenossen kommen da auf die Idee zu schimpfen.

Voller Bewunderung über Ihre kreativen Einfälle kam ich am Ende tatsächlich übrigens in Hamburg an und was sind schon mehr als 20 Minuten Verspätung gegenüber solch verrückten Ideen!

Natürlich war ich einen Tag später gespannt, ob wir denn auf der Rückfahrt erneut in den Genuss Ihrer Kreativabteilungen kommen würden. Und tatsächlich! Zunächst erschien alles normal und langweilig, der Zug lief pünktlich ein.

Und dann – ganz unvermittelt:

„Einfahrt des IC 2027 nach Köln, heute ohne Wagen 11!"

Welch göttliche Idee! Natürlich hatte ich in Wagen 11 reserviert, aber so wurde mir deutlich vor Augen geführt, dass man sich im Leben nie auf irgendetwas verlassen soll. Und dass man eben immer bereit sein muss zu improvisieren. Das sagte mir auch Ihr Zugbegleiter, den ich fragte, was ich nun machen solle. „Suchen Sie sich irgendeinen freien Platz!" – Großartig!

Das ist Spontaneität, dass setzt Kapazitäten frei. Gut, leider keine Platzkapazitäten. Aber wie hätte ich sonst in den Genuss kommen können, ziellos über die Gänge irrende Rollkofferbesitzer zu sehen, die in einem vollen Zug noch versuchten, freie Plätze zu ergattern. Da kam man ins Gespräch und da waren Ellenbogen gefragt. Wunderbar!

Und natürlich hatten wir auf der Strecke an jedem Bahnhof das gleiche Vergnügen. „Welcher Wagen ist das bitte hier?" – Wir hatten schon einen Chor gebildet und konnten „Wagen 11 ist heute nicht dabei" mehrstimmig singen. Das verbindet, das erzeugt soziale Interaktion. Ich hätte meinen Hut vor diesem Einfallsreichtum Ihrer Mitarbeiterinnen und Mitarbeiter gezogen – leider hatte ich keinen dabei.

Die vierstündige Fahrt verging, also genauer: Die durch erneute Verspätung deutlich mehr als vierstündige Fahrt verging. Ich kam beseelt am Hauptbahnhof an. Nur um festzustellen, dass Sie sich erneut selbst übertroffen hatten. Es war nach 16 Uhr, also wieder Rush Hour, wieder ein Kurz-Zug der S-Bahn. Köstlich!

Und da an diesem Tag in Köln 28 Grad waren, konnte man gut zusammenrücken und hatte neben dem taktilen auch noch den olfaktorischen Genuss von nach der Arbeit heimwärts strebenden Werktätigen. Ja, wir müssen eben alle in diesen Zeiten zusammenrücken – das haben Sie uns einmal mehr ins Bewusstsein drücken können.

Nur leider kam zweimal an Bahnhöfen jeweils eine junge Frau mit Kleinkindern und einem Kinderwagen nicht mehr mit. Aber auf diese Weise wird eben schon den Kleinsten sehr früh deutlich gemacht, dass der Transport mit der S-Bahn nichts Selbstverständliches ist, sondern schwer erarbeitet werden muss.

Nochmal – Ich gratuliere Ihnen wirklich zu diesen grandiosen und lehrreichen Momenten. Allerdings gestehe ich offen, dass ich in der nächsten Zeit wohl lieber auf weitere Bahnreisen und Beweise Ihrer kreativen Fachabteilungen verzichten möchte, weil ich nicht weiß, ob ich diesen nervlichen Reizen auf Dauer standhalten kann.

Meine Bahncard werde ich daher separat zurückgeben. Aber natürlich drücke ich die Daumen, dass möglichst viele Ihrer Kunden mit Verständnis und Bewunderung auf Ihre Aktivitäten reagieren.

Ach ja, und die Reservierungsgebühr für die nicht genutzten Plätze in Wagen 11 nehme ich einfach als Lehrgeld, denn als „Leergeld" wäre das heute nicht zu bezeichnen gewesen. Und mein Onlineticket lege ich in Kopie bei, damit Sie nicht etwa meinen, ich hätte mir das ausgedacht. Aber seien wir ehrlich – auf so viele wunderbare und schräge Ideen könnte nicht einmal ich kommen, das kann nur Die Bahn.

Mit freundlichen Grüßen"

Der Fairness halber weise ich darauf hin, dass mir die Bahn wenig später antwortete, zwar darin viele Textbausteine benutzte, aber sich auch für meine „ausführliche und bildhafte Schilderung" bedankte. Dazu gab es einen Gutschein, den ich bei der nächsten Reise verrechnen lassen könne. – Danke!

Auch dafür, dass die nächste Bahnfahrt ähnlich chaotisch verlief. Aber das ist dann eine andere Geschichte. Und nun erzählen Sie Ihre Bahngeschichte!

Credo

Eine Freundin bemerkte neulich, dass ich **nicht** zu denen gehöre, die sich über das Älterwerden beklagen. Warum auch? Ich wollte schon als Kind immer älter werden, weil man dann so viel darf. Und heute darf ich. Das ist mein Credo.

Natürlich verändert sich der Blick auf das Hier und Jetzt, manche Dinge bekomme ich sehr viel deutlicher mit – sogar gelassener. Ja, ich. Gelassener. Und manchmal frage ich mich, wieso ich das erst jetzt bemerke. Einige Eigenschaften oder Fähigkeiten nehmen ab, die Macken nehmen zu. Und man selber auch. Das **ist** nur mit Humor zu ertragen. Das gehört auch zum Credo.

Und auch wenn man das Gefühl hat, dass man nur als Einzige oder Einziger davon betroffen ist – es geht allen so, die plötzlich nach Pubertät und Arbeitsleben mit einem neuen Lebensabschnitt zurechtkommen müssen. Denn wie sang schon einst Roy Black „Du bist nicht allein...". Und alle, die nicht wissen wer Roy Black war, die sind noch nicht alt genug.

Komisch, wenn man an sich selbst plötzlich feststellt, dass das Namensgedächtnis auch nicht mehr das ist, was es mal war. Und dass auch die Hörfähigkeit zwar ab-, das Lärmempfinden aber zunimmt.

Und dabei kennen wir uns doch im Leben aus, uns macht da keiner etwas vor – allenfalls beim Schmahtfohn.

Also nehmen wir das Älterwerden nicht zu ernst – denn ändern können wir es ohnehin nicht. Die Alternative wäre jung zu sterben – und dafür sind wir schon zu alt. Nein, sehen wir die positiven Seiten und freuen wir uns, dass wir nicht mehr müssen müssen. Sondern allenfalls dürfen dürfen. Zumindest solange wir noch können können.

Grantelnde Alte gibt es genug, die machen nur sich und anderen den Rest des Lebens schwer. Ein Lächeln ist die beste Art, dem Alter die Zähne zu zeigen. Und wenn es die Dritten sind. Mit uns muss keiner Mitleid haben, denn wir leiden nicht, sondern freuen uns unseres Lebens. Solange wie es dauert.

Ich jedenfalls habe ja jetzt Zeit, will nichts mehr werden und muss nicht mehr, sondern möchte allenfalls noch. Sie auch?

Aber was fängt man an mit der gewonnenen Zeit. Immer nur ausschlafen ist auch keine Lösung. Und wenn mir früher oft die 24 Stunden eines Tages nicht genügten, so merke ich jetzt doch, wie lang 24 Stunden sein können. Und ich habe ja jetzt Zeit. Und dann frage ich mich – wofür? Gut, man könnte die Biografie von Helmut Schmidt lesen.

Aber sonst? Dafür, dass man ausschlafen könnte, aber nicht kann? Dass man in Ruhe reisen will, aber nicht gelassen wird? Dass man eigentlich Zeit hat, andere einem diese aber stehlen? Sie kennen diese Momente? Dann willkommen! - Wobei Sie einen Satz in diesem Glaubensbekenntnis nicht hören oder lesen werden: Kein „früher war alles besser", kein Selbstmitleid. Nein, denn wir sind zwar älter, aber nicht blöd, und wir wissen genau: Besser war es definitiv nicht, nur eben ganz anders.

Diät

Sie wissen sicher aus allen guten Ratgebern, dass man – wie immer wieder zu lesen ist – auf seine Ernährung achten soll. Oh ja, ich achte immer darauf, dass ich mich ernähre. Und zwar gut. Und gerne. Gut, das habe ich bis jetzt noch nicht gelesen, aber warum soll man sich die viele vorhandene Zeit mit schlechtem Essen versauen? Niemand sollte sich die Zeit mit schlechtem Wein verderben, hat schon der olle Goethe gesagt. Zumindest so ähnlich. Und da Goethe zu allem was gesagt hat, ist es immer gut so ein Zitat parat zu haben. Schiller täte es zur Not auch. Oder Helmut Schmidt.

„Hast du schon abgenommen?" – so begrüßt mich immer wieder eine gute Freundin oft am Telefon. Und trotz dieser Frage ist sie noch eine gute Freundin. Dabei müsste sie die Antwort längst kennen. NATÜRLICH NICHT! – Warum auch. Ich fühle mich ja wohl, so wie ich bin. Ich bin ja nicht dick. Höchstens als Kind mal in den Zaubertrank gefallen.

Mein Hausarzt runzelt zwar immer die Stirn wenn ich mein Gewicht nenne, aber das ist bestimmt bloß Neid. Und wenn die Bekleidungsindustrie ständig die Größenbezeichnungen ändert, da kann ich doch nichts dafür. Erwähnte ich schon, dass meine

Waage immer falsche Zahlen... ach so. Nun ja, manchmal erzählt man Dinge doppelt. Auch so eine merkwürdige Veränderung.

Dennoch, ich gebe es zu, habe ich mich von Zeit zu Zeit an Diäten versucht. Also nicht im Bundestag, sondern was das Essen angeht. Meist aus Solidarität, gemeinsam mit einer Freundin. Nicht, dass ich es brauchte, aber ich wollte moralischen Beistand leisten.

Ich lebe bewusst nach dem alten Sprichwort: „Wenn man sein Gewicht halten will, dann muss man auch mal essen, wenn man keinen Hunger hat". Da habe ich mir nun über viele Jahre mit Mühe und Einsatz finanzieller Mittel mein Kampfgewicht erarbeitet und nun soll ich erneut viel Geld ausgeben, um NICHTS zu essen zu bekommen? Wie unsinnig kann eine solche Überlegung sein...

Aber gut. Bereits erwähnte Freundin und ich machten die Thalasso Diät. Das bedeutet baden und Gymnastik im Meerwasser, gut – das lasse ich mir gefallen. Allerdings auch nur Mineralwasser trinken – das versaute mir den Aufenthalt schon eher. Zu essen gab es nur Eiweiß und Gemüse, keine Kohlehydrate. Vor allem kein rotes Fleisch. Na, herzlichen Glückwunsch!

Zur Begrüßung gab es einen großen Berg Austern und Krebse. Einen Fisch hätte ich freudig umarmt, aber Austern mag ich nur gepaart mit der Zusage, dass sich innerhalb der Schale eine Perle befindet. Sonst kann diese Muschel meinetwegen die Schale geschlossen halten. Und Krebs ist mir schon als Sternzeichen eher fremd. Ein Königreich für eine Scheibe Brot!

So ging es über Tage. Manchmal kam man wegen des vielen Wassers um einen rum und in einem drin kaum vom Klo runter, aber was sollte es – man versäumte ja nix. Schon gar nicht beim Essen. Bereits nach wenigen Tagen schien uns das ganze Hotel nach frischem Weißbrot zu duften und im Dämmerlicht schwebte irisierend ein Glas Rotwein vor meinen Augen. Aber wir hielten durch und wurden durch purzelnde Pfunde belohnt. Kurzfristig. Unnötig zu erwähnen, dass es nur Wochen dauerte, bis die Waage sich wieder auf Vorkriegsniveau einpegelte.

Aber werden Menschen nun aus solchen Desastern klug? Nein – jedenfalls nicht alle. Schon etliche Kilo später kam meine andere gute Freundin (ja, ich habe mehrere – trotz der Diäterfahrungen) mit einem ganz neuen Mittel an. Das würde in einer Praxis intramuskulär gespritzt und befeuere geradezu den Fettabbau. Ich wusste zwar nicht genau welches Fett sie da angeblich bei mir gesehen haben wollte, aber da sie so enthusiastisch wirkte, schlug ich abermals ein.

Auch hier gab es mehr Vorschriften dazu, was man alles NICHT zu sich nehmen durfte, als auf der Positiv-Liste zu finden waren. Darunter diesmal positiv ganz viel rotes Fleisch, was diese Idee schon mal um Längen vor Thalasso brachte. Jeden Tag wurde man gepiekt und mit fettabbauender Lösung erfreut. Und wenn man mehr als 5 Kilo abnahm, dann ertönte eine Glocke im ganzen Sp(r)itzeninstitut.

Selbst ich brachte es zum Glockenklang, erstaunlicherweise. Hätte nie gedacht, dass ich so ohne gesundheitliche Risiken einfach 5 Kilo entbehren könnte. „Ich hab mich so an dich gewöhnt..." – Gut, auch hier setzte diese Gewöhnung schneller wieder ein, als gedacht. Man nennt das den Jojo-Effekt, wahrscheinlich weil sich jeder denkt: „jo, jo!"

Zu einer dritten Diät war meine Freundin dann zwar fest entschlossen, aber dazu kam es dann nicht mehr, weil besagte Freundin und ich zwar nochmal eine Thalasso -Kur machten, das Hotel allerdings dann (in ihren Augen) den Fehler hatte, auch ein „normales" Buffet beim Essen anzubieten. Und nun raten Sie, wer das kalorienreduzierte Angebot mied und stattdessen bei den Köstlichkeiten des Landes zulangte? – Alle!

Also ich habe wirklich nichts gegen Diäten – solange ich sie nicht machen muss. Und im Alter dürfen ein paar Rundungen schon sein, da zeigt man doch, dass man gelebt hat. Und noch lebt. Wer will schon verhärmt aussehen – also ich bin KILO-meterweit weit davon entfernt. Abnehmen kann man dann in der Gruft, da kommt das von allein. Nein, für Diäten habe ich keine Zeit mehr.

Essen kann etwas so Schönes sein, wozu also soll man sich das versagen? Und wenn man uns Vorschriften machen will, was wir zu essen haben und was wir künftig sein lassen sollen, dann antworten wir ab jetzt: Wir sind alt genug! Und wir wissen, was uns schmeckt. Und niemand soll uns mehr Vorschriften machen.

Und damit haben wir verdammt recht!

EHRLICH? – NATÜRLICH!

Viele Menschen sind sicher der richtigen Meinung, dass Sie als der/die Ältere über ein hohes Maß an Lebenserfahrung verfügen – und das ist nach so vielen Jahren beruflicher Tätigkeit oder in Kenntnis so vieler unterschiedlicher Menschen sicher nicht ganz falsch. Und davon würde Manche/r gern profitieren und fragt Sie deshalb nach Ihrer Einschätzung zu bestimmten Fragen, Themen oder Problemen. Natürlich fühlen Sie sich da ein wenig geschmeichelt und sagen selbstverständlich zu, ehrlich zu antworten.

Tun Sie das nicht.

Niemals!

Wenn Sie sich für den Rest Ihres Lebens noch ein paar Freunde erhalten wollen, dann nutzen Sie Ihre Lebenserfahrung und sagen Sie das, wovon Sie wissen, dass Ihre Bekannten es eigentlich hören wollen. Man muss ja nicht lügen – nur eben „corriger la fortune", wie Lessing es in seiner „Minna von Barnhelm" genannt hat.

Eine Freundin von mir sagte mir neulich, dass sie sich für die dritte Lebenshälfte nur eines wünsche: in Ruhe gelassen zu werden. Da gäbe es dann ein probates Mittel: Immer schonungslos die Wahrheit sagen. Binnen kurzem fragt einen dann keiner mehr, und man hat seine Ruhe. Klingt allerdings nach Friedhofsruhe.

Nein, nein – die Wahrheit lässt sich auf so viele Arten versteckt kundtun, ohne dass man verletzen muss oder jemanden vor den Kopf stößt. Man kann natürlich eine Freundin, die einem das neue Kleid vorführt, ernsthaft fragen: „Sag mal, hatten die das nicht auch in deiner Größe?" Aber wem hilft das? Besser sagt man also: „Hey, hätte ich mir nicht vorstellen können, aber die Farbe steht dir wirklich ganz ausgezeichnet!"

Gut, bei Schwarz gilt das nicht, da muss man dann eine andere Ausrede finden. „Tolle Herbstfarbe" oder so. Gerade nochmal die Kurve gekriegt!

Wie ehrlich man wirklich sein darf, das kann man mit etwas Lebenserfahrung schon an der eigentlichen Fragestellung selbst erkennen. Wenn jemand sagt: „Aber sag mir bitte wirklich deine ehrliche Meinung!" - Und man fragt zurück: „wirklich?"

Dann achte man auf die Antwort. Je mehr entrüstete verbale Ausrufezeichen das folgende „Natürlich!" hat, umso mehr muss man sich mit Ehrlichkeit zurückhalten.

„Ehrlich währt am längsten" – dass ich nicht lache. Für Bekanntschaften gilt das jedenfalls nicht. Machen Sie Komplimente, und Sie werden Freunde finden. Und da kann man nicht dick genug auftragen – fand jedenfalls schon Kurt Tucholsky. Wir sind nun mal für Schmeicheleien empfänglich und am allermeisten sind es diejenigen, die das am lautstärksten entrüstet zurückweisen.

Natürlich gibt es auch regionale Unterschiede. Wenn Sie beispielsweise in Hamburg auf die Frage „Wie war es?" mit „Nett!" antworten, dann müssen Sie sich auf eine Beleidigungsklage gefasst machen.

Und wenn in Westfalen ein Gast nach dem Essen auf die Frage, ob es geschmeckt habe, antwortet: „Kannste wieder machen!", dann ist das die höchste Stufe des Lobes und bedeutet gleich mindestens einen Stern auf der Kochmütze.

Oder im Urlaub– fragen Sie doch mal Ihre Ex-Kollegen „Wie war's?". Die Antwort lautet immer: total super. Das Hotel? Total super! Das Essen? Total super! Das Wetter? Total super! – Dabei wissen Sie ganz genau, dass es tagelang geregnet hat, schließlich haben Sie selbst anfangs voll Neid, später voll Schadenfreude täglich den Wetterbericht über die Kanaren gesehen.

Und in der Politik? Als 2015 viele Geflüchtete kamen, da sagte die Kanzlerin nicht: Ui, das wird eng! – Nein, sie sagte: Wir schaffen das! Und die Einzige die am Ende ehrlich geschafft wirkte, war sie schließlich selbst. Man kann eben nicht immer total ehrlich sein.

Aber was ist in der Partnerschaft? Zumindest gegenüber der Partnerin oder dem Partner muss man doch ehrlich sein, oder? – Sagen wir mal so – in der dritten Lebenshälfte sind Sie doch sicher nicht frisch verliebt oder jung verheiratet, oder? Also, Sie kennen doch Ihren Lebenssternchengefährten. Na also! Und dann fragen Sie noch? Ehrlich?

Wenn Ihnen Ihre Beziehung lieb ist, dann biegen Sie die Wahrheit vorsichtig so weit zurecht, dass es gerade eben noch im Bereich des Möglichen sein könnte. Sie wollen ja nicht verletzten, Sie wollen nur andeuten.

Belassen Sie es dabei. Nutzen Sie bei einer neuen Frisur nicht den alten Kalauer „Den Prozess gewinnst du!", sondern sagen Sie lieber etwas Positives, so wie „Ach komm, nicht so schlimm, das wächst ja wieder!" Das klingt doch viel schöner.

Es gibt nur wenige Momente in Ihrem jetzigen Leben, in denen schonungslose Ehrlichkeit angebracht ist. Gegenüber allen nervigen Zeitgenossen, wie zum Beispiel Eurowings oder der Deutschen Bahn und vor allem gegenüber unerwünschten Anrufern, die einem etwas verkaufen oder einen schlicht und einfach linken wollen. Wenn zum Beispiel demnächst wieder mal das Telefon klingelt und eine Stimme in sehr gebrochenem Deutsch sagt, sie sei von Microsoft und mit Ihrem Computer sei etwas nicht in Ordnung, dann sagen Sie laut und deutlich: "Sorry, ich bin gar nicht online und außerdem bin ich Kunde bei Apple!"

Und dann fahren Sie Ihren Windows-Rechner wieder runter! Soviel Ehrlichkeit muss sein! Natürlich.

Fliegen

Wenn man sich mit Gleichaltrigen über das Fliegen unterhält, dann kennen alle irgendwelche Horrorgeschichten. Sie auch? Verspätungen, Flugausfälle, schlechter Service. Müsste man mal etwas dagegen unternehmen. Sich beschweren, schreiben... aber wer hat dazu schon die Zeit? – Ich!

Mal ehrlich, wer schreibt heute noch Briefe? Ist irgendwie total aus der Mode, wobei es ja eigentlich nichts Schöneres gibt, als den Briefkasten zu öffnen und einen Brief herauszunehmen. Es sei denn, es ist Werbung. Oder eine Rechnung. Oder eine Todesanzeige – komisch, die kommen immer noch per Post.

Ich gebe zu, auch ich schreibe meist Mails. Geht schneller, kann man immer machen und braucht keine Briefmarken, die immer dann gerade ausgegangen sind, wenn man sie benötigt. Und man muss nicht zum Briefkasten, denn genau dann regnet es ja meistens.

Aber ich habe ja jetzt Zeit, und da schreibe ich Briefe. Allerdings – ich gebe es zu – oft, wenn ich mich geärgert habe. Ob man im Alter leicht gehässig wird? Nein! Natürlich nicht! Ich bin nur nicht mehr bereit alles zu akzeptieren oder aus Bequemlichkeit oder Zeitmangel einfach auf eine Reaktion zu verzichten.

So hatte ich im Sommer 2016 einen äußerst unerfreulichen Rückflug von Hamburg mit Eurowings, dessen Folge eine um drei Stunden verspätete Ankunft in Köln war. Also habe ich denen geschrieben, obwohl ich noch berufstätig war, aber kurz und knapp den Sachverhalt geschildert und um Stellungnahme gebeten. Die nie kam.

Warum ich das erzähle?

Jetzt habe ich ja Zeit, und warum soll ich mir diese Unhöflichkeit von Eurowings gefallen lassen? Richtig! Tue ich auch nicht. Daher habe ich erneut geschrieben, wieder so richtig mit Marke und Briefkasten und ich habe die Veröffentlichung angekündigt. Mal sehen, ob sich jetzt etwas tut. Hier kommt der Brief:

„Sehr geehrte Damen und Herren,

herzlichen Glückwunsch zu der Tatsache, dass Sie tatsächlich seit über zwei Jahren durchgehalten haben und eine Beantwortung meines Schreibens vom 13. Juli 2016 beharrlich verweigern. Richtig so! Wo kämen wir denn da hin, wenn man auf jeden

Brief antworten sollte! Auch ein schlechter Ruf will schließlich verdient sein!

Und um den haben Sie sich wirklich redlich bemüht und das verdient absolut meine Anerkennung. Auch die großartige Beständigkeit, mit der Sie den Test der Leidensfähigkeit Ihrer Kunden durchziehen, ringt mir ein „Bravo" ab. Wie Sie uns vor zwei Jahren aus einer beinahe schon startenden Maschine herausholten und zurück in die Busse komplimentierten, das war großes Kino. Und die danach von Ihren Mitarbeiterinnen am Boden grandios gespielte Kopflosigkeit bewies ein überaus professionelles Regie - Fingerspitzengefühl, wie es sonst nur ein Steven Spielberg in seinen Horrorfilmen hinbekommt.

Auch die danach mit stoischer Miene vorgetragenen Ankündigungen, dass die Maschine leider defekt und ein Ersatz nicht verfügbar sei, erinnerten mich an die großen Monologe der Klassiker von Shakespare bis Schiller, vorgetragen mit einer reduzierten Mimik, wie es einer Sarah Bernhardt würdig gewesen wäre. Oder auch einem Klaus Kinski.

Wie dann in einem Nebensatz eine Alternative nach Düsseldorf angeboten wurde, das war ein dramaturgischer Kniff, der natürlich in den Überlebenden sofort Hoffnung keimen ließ und zu äußerster Hektik Anlass bot. Auch die mit dem Hinweis verbundene Mitteilung, dass diese Maschine wohl aber ausgebucht sei, konnte ein paar verwegene Eurowings - Abenteurer nicht davon abhalten, ihr Schicksal auf dem unwegsamen Dschungelgelände des Hamburger Flughafens zu versuchen.

Ich gestehe – ich war einer der Glücklichen und gelangte an Bord des von innen sanft strahlenden Jets der Mutter Eurowings. Natürlich dachte ich mit Bangen an die Möglichkeit, dass wir erneut aus unserer freudigen Erwartung gerissen und in einen Bus verfrachtet werden könnten, aber umso euphorischer war ich, als wir dann mit nur einer halbstündigen Verspätung abhoben.

Dreißig Minuten – ich bitte Sie! Da sind Eurowings - Passagiere ganz andere Verspätungen gewohnt, denn letztlich muss ja Ihre Leidensfähigkeits - Testreihe am Ende valide Ergebnisse aufweisen und keine invaliden.

Nach der damit verbundenen verspäteten Landung in Düsseldorf musste ich jetzt nur noch einen Zug finden, der mich husch, husch nach Köln bringen würde – genauer natürlich zum Kölner Flughafen, weil ich im Vertrauen auf Ihre sichere Beförderung mein Auto selbstverständlich am dortigen Airport geparkt hatte und nicht am Hauptbahnhof.

Ich bin mir sicher, dass meine Suche nach einem Zug, das Warten auf die Anschluss-S-Bahn und meine schließlich und endlich drei Stunden zu spät erleichtert erfolgte Ankunft bei meinem PKW von Ihnen mit einer versteckten Kamera begleitet wurde, und ich hoffe, dass ich mit meiner Mischung aus Zorn, Verzweiflung und Schicksalsergebenheit Ihr wissenschaftliches Experiment zur Leidensfähigkeit von Fluggästen bereichern konnte.

Doch dieses war ja noch nicht beendet. Denn da war ja noch mein Schreiben vom 13. Juli 2016, in dem ich in knappen Worten meine Odyssee geschildert habe. Nachdem ich einen Monat lang nichts von Ihnen gehört habe, passierte das, was Sie sicher vorausgesehen haben – ich habe Ihr Call-Center angerufen. Das war lustig! Nach längerem Warten am Hörer eröffnete mir Ihre studentische Hilfskraft, dass mein Schreiben „in Bearbeitung" sei und ich bald von Ihnen hören würde. Eine super geschulte Frau, der diese Lüge wie selbstverständlich von den Lippen perlte und die danach im Kollegenkreis sicher herzlich über mich gelacht hat.

Nur ich Dummerchen habe das zu dem Zeitpunkt noch nicht durchschaut und bitte heute dafür voll Scham um Nachsicht. Ich habe tatsächlich vier Wochen später nochmal angerufen und sicher damit Lachsalven ausgelöst. Mit gut unterdrücktem Lachen wurde mir eine Reaktion innerhalb weniger Tage angekündigt. Dass die nicht erfolgte, muss ich wohl nicht gesondert erwähnen.

Und das gilt bis heute, wahrscheinlich weil Ihre Testreihe noch läuft und in diesem Sommer zu Höchstleistungen aufgelaufen ist, aber Sie werden sicher großartige Erkenntnisse über die Leidensfähigkeit Ihrer Fluggäste gewonnen haben. Auch dazu meinen herzlichen Glückwunsch.

Sie sind sicher gleich mir der Meinung, dass diese gelungene Kommunikation nicht in Archiven versauern darf, sondern der Öffentlichkeit zugänglich gemacht werden muss. Ich setze daher Ihr Einverständnis voraus, diese Lobeshymne in einer geplanten Sammlung gelungener Unternehmenskommunikationen zu veröffentlichen und gratuliere nochmals zu Ihrer konsequenten und widerspruchsfreien PR-Strategie.

Mit freundlichen Grüßen"

Und nun bin ich gespannt. Und warte seit dem Sommer 2016 auf eine Antwort. Bis heute.

Geräusche

Kennen Sie das auch? Ich stelle inzwischen immer wieder Veränderungen an mir fest. Damit meine ich nicht den merkwürdigen Umstand, dass meine Waage permanent falsche und zu hohe Werte anzeigt, nein – eher wundere ich manchmal darüber, dass ich auf Situationen heute so ganz anders reagiere. Vielleicht weil ich mehr Zeit habe? Und weniger zu tun? Oder vielleicht verändert sich die Wahrnehmung wirklich. So habe ich zum Beispiel das Gefühl, dass ich im Alter geräuschempfindlicher werde. Ja, das mag sein. Obwohl...

In meiner Fernsehzeitung – Sie wissen ja noch was eine Fernsehzeitung ist, nicht wahr? Aber fragen Sie da mal einen Zwanzigjährigen, der kennt nicht einmal mehr das Wort – also da waren oft Leserbriefe, in denen sich Menschen beschwerten, dass die Musik in Filmen zu laut sei. Das konnte ich früher gar nicht verstehen, heute hingegen...

Ich habe erst neulich im Fernsehen wieder so einen amerikanischen Spielfilm gesehen, bei dem ich fast in den Lautsprecher hineinkriechen musste, weil die Darsteller scheinbar unentwegt flüsterten. Und wo ich dann vor Schreck fast aus dem Sessel kippte, weil plötzlich laute Musik erschallte, die alle Dialoge übertönte. Ach ja, und neulich spät abends bei der „heute Show", als alles ringsum im Haus und auf der Straße ganz still war, da kam mir plötzlich der Verdacht, dass meine Nachbarn vielleicht sogar mithören könnten, weil der Fernseher doch ein klein wenig lauter eingestellt erschien. Aber das schien natürlich nur so!

Oder wenn man in der S-Bahn ein Gegenüber hat, das – sagen wir – mit gehobener Stimme mit dem Schmahtfohn telefoniert, das macht mich rasend. Kennen Sie das? Wenn zwei Leute sich unterhalten, kein Problem. Da kann ich weghören. Aber dieses abgehackte vor sich hin monologisieren – gruselig! Am liebsten möchte ich dann immer mein eigenes Schmahtfohn rausholen, so tun als ob ich jemanden anrufe und dann sagen: "Kannst du etwas lauter sprechen, ich verstehe dich nicht. Mir gegenüber telefoniert jemand so laut!" Aber das mache ich natürlich nicht. - Leider. Jeder ist eben ein Produkt seiner Erziehung.

Aber das wollte ich gar nicht erzählen.

Auch so ein Punkt. Ich neige plötzlich dazu abzuschweifen, obwohl das früher gar nicht so meine Art war. Aber zurück zum eigentlichen Thema.

Ich hatte ja nun Zeit, wollte einen Freund besuchen und nahm statt des Autos diesmal die Bahn, einen „InterCity", sehr schön und modern – und da ich eine vierstündige Strecke vor mir hatte, mit einmal umsteigen in Hannover nach etwas mehr als einer Stunde Fahrzeit, hatte ich mir für die lange Strecke ein Buch mitgenommen, etwas erbauliche Literatur – „Geister zum Fest", Gespenstergeschichten über Weihnachten. Man kann sich ja nie früh genug mit dem Thema Weihnachten beschäftigen – das sagen sich ALDI und LIDL ja auch und bringen die ersten Dominosteine und Spekulatiuspackungen jetzt schon im August in die Supermärkte. Aber ich schweife schon wieder ab.

Auch so eine Alterserscheinung.

Ich hatte mir ein Ticket in der 1. Klasse besorgt, um in Ruhe lesen zu können. Dachte ich. Hoffte ich. Mit mir stiegen etliche Leute in den einzigen 1. Klasse - Wagen ein, zunächst nichts Besorgniserregendes. Dann allerdings setzte sich eine Reihe vor mir eine junge Frau an einen Platz mit Tisch. Das wäre auch nicht weiter aufmerksamkeitserregend gewesen, hätte sie nicht einen etwa vier Jahre alten Jungen dabei gehabt. Wie sich schnell herausstellte, ein aktives Kerlchen. SEHR aktiv. Und gesegnet mit einem überaus wirkungsvollen Stimmchen. Eher mit so einer eigenen Art von Stimme. Mich hatten früher Nachbarn auch immer „Die Trompete" genannt, wenn ich bei uns auf dem Hinterhof spielte. Seit dieser Fahrt ahne ich, warum.

„Mama" – ein Wort, zwei Silben. Wie lieblich hat der kleine Heintje das vor 50 Jahren gesungen. „Mama! (piano) – Mama! (pianoforte) – Mama! (forte) – M-a-m-a! (fortissimo)". Unglaublich, mir war bislang nie aufgefallen, auf wie viele Arten man dies Wort sagen und dabei auch noch die Lautstärke steigern kann. Und dann konnte dieser kleine Engel zusätzlich seine Stimmlage in ungeahnte Höhen schrauben. Ich schaute kurz und besorgt auf die Fenster, denn man hat ja schon gehört, dass bestimmte Stimmlagen Glas zum Bersten bringen können. Noch war alles heil.

Mama aber hörte nicht, sie kannte das sicher. Ich war schon versucht ebenfalls einzustimmen, um ihre Aufmerksamkeit zu erlangen, damit die kleine Sirene neben ihr Ruhe gab. Schließlich ließ sie sich mit einem lakonischen „Ist was"? vernehmen. Erwähnte ich schon, dass es eine junge Mutter war? Ihre Geräuschempfindlichkeit hatte offensichtlich noch eine sehr viel höhere Toleranz meine in meinem hohen Alter, na gut, höheren Alter.

Eine Zeit lang war dann tatsächlich Ruhe, ich begann zu lesen. Die Gespenster erschienen mir auf einmal ihren Schrecken verloren zu haben, das Grauen kam nämlich plötzlich und unerwartet von ganz anderer Seite. Nein, nicht die Fahrkartenkontrolle, das war ok.

Es blubberte, röhrte, quietschte, brummte – das Kind spielte mit einem Auto und erzeugte dabei eine Geräuschpalette, die jeden kreativen Toningenieur wahrscheinlich in dasselbe Entzücken versetzt hätte, wie das, was sich auf dem Gesicht der Mutter zeigte, die ihrem kleinen Liebling beim Spielen zusah. Unglaublich zu welchen Geräuschen ein menschlicher Mund imstande ist – und es war wirklich nur der Mund! Man hätte das alles auf einem Sampler aufnehmen sollen, daraus hätten Generationen von Musikern unzählige Hits basteln können. Ein Genie, der kleine Racker!

Bei einem erneuten Versuch zu lesen stieß ich in der Geschichte „Der Geist als Detektiv" von Mark Lemons auf folgendes Zitat: „Wenn sie nicht gerade anderen Schabernack trieben (…), der allen Eltern das Herz erfreut, sich aus Sicht einiger Unbeteiligter aber als Plage bezeichnen lässt". Vielleicht ist Herr Lemons auch öfter mit einem IC in der ersten Klasse gefahren.

Denn auch nach fast einer Stunde Hyperaktivität – trotz Herumlaufens im Zug und Anfeuerungsrufen in Richtung Lokführer „Schneller! Schneller!" – war bei dem süßen ADHS - Kandidaten von Müdigkeit keine Spur. Wozu auch, bot doch so ein Waggon unendliche Möglichkeiten, die Geräuschpalette zu erweitern. „Peng!" – ein Pistolenschuss ließ alle Fahrgäste zusammenzucken. Alle? Nein, Mama nicht, die kannte das. Unser Zuckerbube hatte gerade die Holzplatte des Tisches fallen lassen. Super! Nochmal! Peng!

Und wenn man dann noch zusätzlich daneben die Klapptische auf und zu klappen konnte, dann ließen sich ebenfalls wunderbare Effekte erzielen. Auf und zu, auf und zu! Herrlich! Ach ja, und wir saßen im Doppelstockwaggon oben. Damit die Fahrgäste unter uns auch etwas davon haben durften, konnte man traumhaft mit den Füßen auf den Boden stampfen. Schöne laute dumpfe Geräusche. Patsch! Patsch! Und nochmal. Und nochmal.

Wie lang kann eine Stunde sein? Besonders wenn man Zeit hat...

Endlich! Hannover nahte, mein Umsteigebahnhof. Man kann ja viel zu Hannover sagen (obwohl eher eigentlich nicht, fällt mir ein), aber an diesem Tag konnte ich es gar nicht erwarten, in Hannovers wunderschönen Hauptbahnhof einzufahren. Erleichterung pur – aber plötzlich die bange Frage: Was, wenn die dort auch in meinen Zug umsteigen?

Taten sie aber nicht. Ich atmete auf.

Zumindest solange, bis ich bemerkte, dass hinter mir jemand saß, der ganz offensichtlich ein nagelneues Handy hatte und nun darauf brannte, alle Funktionen, Klingeltöne und Geräusche stundenlang auszuprobieren.

Ich glaube, ich werde geräuschempfindlicher. Denn Stress kann das nicht sein. Ich habe ja Zeit. Und das nächste Mal nehme ich wieder das Auto.

HILFE – UNS WIRD GEHOLFEN!

Von den Segnungen der schönen neuen digitalen Welt ist in diesem Büchlein ja häufiger die Rede, aber wer soll sich bei all den Alexas, Siris und Cortanas noch auskennen? Ganz zu schweigen von Aristotle, dem elektronischen Babysitter des Spielwarenherstellers Mattel, der mehr Funktionen hat, als man einem menschlichen Babysitter je bezahlen könnte. Außer der einen natürlich – menschliche Nähe.

Vor allem aber sollen diese digitalen Helferlein das Leben leichter und schneller machen. Davon hätte Daniel Düsentrieb mit seinem Helferlein nur träumen können. Heute geht das alles ruckzuck. Also zumindest theoretisch. Und Sie befürchten es – ich habe ein Beispiel parat.

Alle zwei Jahre meldet sich mein Telefonanbieter und fragt mich, ob ich den Vertrag für mein Schmahtfohn verlängern möchte. Und da ältere Konsumenten ja nun angeblich so markentreu sind, mache ich das auch. Klappt auch eigentlich alles gut, nur diesmal gab es ein Problem – ich konnte plötzlich keine Fotos mehr empfangen oder verschicken. Also die MMS, wie wir technisch versierten User sagen.

Daher rief ich bei Vodafone an und landete natürlich prompt in der Warteschleife, dieser Geißel des 21. Jahrhunderts. Besonders deshalb, weil man minutenlang eine Musik über sich ergehen lassen muss, die man freiwillig nicht mehr als zwei Sekunden ertragen hätte – so lange dauert es sonst, bis ich normalerweise den Abschaltknopf betätige.

Aber die Rettung nahte, denn eine freundliche Computerstimme teilte mir mit, dass es nun auch die Möglichkeit gäbe, sein Anliegen über eine SMS mitzuteilen und dann ginge es alles sehr viel schneller. Gesegnet sei die Digitalisierung! Ich sofort raus aus der akustischen Folterkammer und eine SMS verschickt.

Und tatsächlich – ich bekam postwendend eine Antwort und ab jetzt zitiere ich wörtlich, was ich ja laut Datenschutzgrundverordnung auch darf, denn es sind ja Zitate von meinem privaten Schmahtfohn:
- Hallo, ich bin Tobi, ihr persönlicher virtueller Assistent. Vodafone hat mich gebaut um Ihnen schnell und unkompliziert helfen zu können.

Es lebe die künstliche Intelligenz! Sofort danach kam eine neue SMS:
- Geht es bei Ihrer Frage um ein Thema zu dieser Mobilfunknummer?

Nachdem ich bejahte kam postwendend die Antwort:
- Vielen Dank, ich leite Sie jetzt an einen Kundenbetreuer weiter. Zurzeit ist dieser Service sehr beliebt, es kann deshalb etwas länger dauern. Vielen Dank für Ihre Geduld.

Super – das alles hatte keine zwei Minuten gedauert, da kann man ja wohl etwas Geduld aufbringen. Und es war ja auch erst Vormittag, kurz nach 11 Uhr. Geduld. Nun ja, manchmal habe ich die. Jetzt könnte ich doch die Zeit nutzen, und die Biografie von Helmut Schmidt...

Und tatsächlich – schon um 16:44 Uhr kam die nächste Nachricht von Tobi:
- Entschuldigen Sie, dass Sie warten mussten. Jetzt kümmere ich mich um Sie. Wie ist Ihr Kundenkennwort?

Klar, Tobi, kann ja mal passieren, wo du doch so beliebt bist. Ich also das Kennwort durchgegeben. Und Tobi kümmerte sich .... und kümmerte sich... und kümmerte sich...

Und schon am nächsten Tag um 04:08 Uhr meldete sich Tobi gut gelaunt:

- Guten Morgen, bitte entschuldigen Sie die lange Wartezeit. Nutzen Sie noch dieselbe SIM-Karte?

Nun hatte ich aus irgendwelchen, mir heute selbst unerfindlichen Gründen mein Schmahtfohn über Nacht ausgestellt, also antwortete ich Tobi leider erst Stunden später am Morgen. Damit musste ich ihn wohl beleidigt haben, denn ich hörte erst einmal nichts mehr von ihm. Am späten Abend kurz vor 23 Uhr gestatte ich mir eine Nachfrage, ob ich denn wohl noch eine Antwort bekäme. Und prompt kam eine Reaktion:
- Hallo, ich bin Tobi, ihr persönlicher virtueller Assistent. Vodafone hat mich gebaut, um Ihnen schnell und unkompliziert helfen zu können. Geht es bei Ihrer Frage um ein Thema zu dieser Mobilfunknummer?

Ich erlaubte mir den Hinweis – völlig frei von Ironie, weil ich ja nicht wusste, ob Tobi Humor hat –, dass wir das alles schon mal ge-sms-t hätten. Und es stellte sich raus: Tobi hatte keinen Humor.

Er teilte mir lediglich postwendend mit, dass er das alles an das Serviceteam weitergeben würde, welches aber erst am kommenden Morgen ab 07:30 Uhr zur Verfügung stünde. Aber dann werde man das alles sofort bearbeiten.

Kennen Sie den Text von Karl Valentin vom „Buchbinder Wanninger"? Wenn nicht – unbedingt lesen. Wenn ja, dann verstehen Sie meine nicht mehr so übermäßig vorhandene Geduld.

Am folgenden Tag, kurz nach 10:00 Uhr, kam eine neue SMS, in der mir jemand mitteilte, dass er oder sie jetzt für Tobi übernehmen würde. Und kurz darauf klingelte mein Schmahtfohn – und was soll ich Ihnen sagen – wir konnten das Problem sofort lösen. Tobi hat in zwei Tagen nix, aber auch gar nix gerissen, außer an meinen Nerven – und seine menschliche Kollegin konnte mir innerhalb von zwei Minuten helfen.

Vielleicht bräuchte Tobi etwas mehr Intelligenz – aber menschliche.

Incentives

Natürlich denkt man oft an den Job zurück, das ist doch normal. Immerhin hat man im Regelfall mehrere Jahrzehnte mit Arbeiten verbracht, das kann man nicht so einfach abschalten. Und es war ja auch nicht alles schlecht... Also manchmal erinnere ich mich durchaus gern zurück, Sie auch? Nicht, dass man etwas vermisst – oder wenn, dann nur ein ganz kleines bisschen. Und man würde das natürlich nie zugeben, aber wir sind ja hier unter uns.

Also wenn mir irgendwas dann doch aus dem Job fehlt, natürlich nur ein bisschen, dann sind das die Incentives. Incentive heißt „Anreiz" und bedeutet, dass man auch die Freizeit mit den Kolleginnen und Kollegen verbringen soll. Meistens ist das eine gute Idee der Personalabteilung, wobei auch nur die finden, dass das eine gute Idee ist. Besonders wenn es um Gruppenerlebnisse geht. Früher nannte man das „Teambildung", aber das ist zu ungenau, deshalb heißt es heute „Teambuilding". Und das kann sehr spannend sein.

Wir hatten bei uns in der Nähe einen kleinen Fluss, nichts Bedeutendes. Außer bei Hochwasser, da kann der richtig Tempo kriegen. Und dieser Fluss hat einen eigenen „Unterhaltungsverein", also nicht im Sinne von Entertainment, sondern der achtet auf überhängende Äste, Stromschnellen durch angespülten Müll etc. Also zumindest macht er das meistens. Klar, nicht am Wochenende, man will ja auch mal frei haben.

Wir haben damals so ein Teambuilding dort gemacht. Klar, am Wochenende. Und es war Hochwasser. Wir wurden also von einem Teambuilding - Coach darauf hingewiesen, dass wir uns über eventuelle Hindernisse rufend verständigen sollten, so etwa mit „Baum über Wasser!". Wenn man das dann noch sagen konnte und einem der überhängende Ast nicht die Sprache verschlagen hat.

Das ganze zukünftige Team setzte sich also in die bereitgestellten Kanus – manche sehr selbstsicher, andere fragten sich wohl gerade, ob sie in diesem Team wirklich mitmachen wollten. Letzte sachdienliche Hinweise vom Coach erfolgten: „Aufpassen beim Wehr! Nicht drunter durch fahren, das kann euch bei Hochwasser köpfen!"

Alle zogen schon mal vorsichtshalber die Köpfe ein. Derartig beruhigt ging es los. Wussten wir doch, dass am Ende der maximal zweistündigen Paddelei ein zünftiges Grillfest mit kühlem Bier auf uns wartete. Und wie es sich für ein Team gehört, würde ja natürlich jeder jedem helfen, wenn es Probleme gäbe.

Und es gab Probleme.

Schließlich war ja Wochenende und so hatte niemand den Baum aus dem Wasser geholt, der komplett quer über dem Fluss lag. Schön von einem Ufer bis zum anderen. Und nun? Nicht verzagen, den Coach fragen. „Längsseits gehen und vom Ufer aus darüber heben!" Na klar, das klingt logisch. So ein Kanu ist ja nicht schwer. Längsseits gehen hingegen schon eher. Besonders dann, wenn der Fluss bei Hochwasser so eine enorme Strömung hat. Das Kanu stieß immer wieder mit der Spitze hinein ins Geäst und weigerte sich standhaft, quer zum Fluss stehenzubleiben.

Aber wozu hatte man ein Team? Das sollte doch wohl das geringste Problem sein. – Nur eben dann nicht, wenn alle anderen im Team auch nicht im Kanu zur Welt gekommen sind und alle Kanus mit der Spitze richtig Baum zeigten. Dennoch – ein beherzter Sprung, da zeigte sich die künftige Führungskraft. Und mit purer Muskelkraft wurde ein Boot nach dem anderen längs gezogen. Glückwunsch! Und rum um den Baum!

Hindernis überwunden und weiter ging's. Also nicht für alle, denn eine Kollegin hatte beim Kanutransport um den Baum herum das Paddel verloren, das nun mit hoher Geschwindigkeit über das Hochwasser schoss. Man versuchte also die anderen durch beherztes Gebrüll auf das Problem aufmerksam zu machen, aber wer schon mal miterlebt hat, wie mehrere Menschen eines künftigen Teams durcheinander brüllen, der kann ermessen, wie schwer es ist aus einem undefinierbaren Geräuschemix die Worte „Achtung" und „Paddel" herauszuhören. Kurz gesagt – es misslang. Glücklicherweise hatte der Fluss ein solches Tempo, dass das Kanu auch ohne Paddel vorwärts schoss.

Dummerweise Richtung Wehr!

Und das Paddel fehlte nun doch ein wenig, um eine Richtungsänderung vorzunehmen. Da blieb nur ein beherzter Spring heraus aus dem Boot und auch wenn der Fluss durchaus zu einer eher tiefkühlenden Temperatur neigte – besser eine kühle Flucht als eine kopflose.

Natürlich war die Ex-Kanutin nun nass, aber das war eigentlich kein Problem, denn unterdessen hatte es ohnehin angefangen zu regnen. Die Organisatoren der Teambuilding - Maßnahme hatten inzwischen versucht, jemanden beim Unterhaltungsverein dazu zu bewegen, den Baum aus dem Wasser zu holen. Auf die Frage, wo denn der Baum in etwa sei, bei welchem Flussabschnitt, kam die überraschend genaue Antwort: „Auf beiden Seiten sind Maisfelder!" Das war besonders hilfreich. Der Fluss zieht sich kilometerlang durch Maisfelder.

Insgesamt dauerte die zweistündige Kanutour etwas über vier Stunden. Und als am Schluss das siegreiche, wenngleich durchnässte Team am Grillplatz eintraf, da war das Bier alle und die Würstchen waren verkohlt. Und die Teammitglieder kamen sich auch so vor.

Ich liebe Incentives, aber wenn ich so darüber nachdenke, dann finde ich es auch wunderbar, dass ich davon jetzt nur noch erzählt bekomme. Live hat das zwar hohen Unterhaltungswert – nicht nur für den Unterhaltungsverein. Aber nicht mehr dabei sein zu müssen – das hat doch irgendwie auch etwas!

Obwohl – ich hätte für sowas ja jetzt Zeit...

Jugendwahn

Nein, damit meine ich nicht den vermeintlichen Trend, in Serien und Filmen vorrangig auf junge Darsteller zu setzen. Oder die berühmte werberelevante Kernzielgruppe zwischen 14 und 29 – ich frage Sie: Wer hat denn das Geld? Und hat die Zeit es auszugeben?

Nein, ich meine uns oder zumindest jene von uns, die sich mit ihrem biologischen Alter nicht abfinden wollen und alles tun, um für spät-jugendlich gehalten zu werden. Sicher haben Sie auch von dem Mann gelesen, der gerichtlich das Recht erstreiten wollte, im Personalausweis ein um 20 Jahre jüngeres Alter angeben zu dürfen, weil er seiner Meinung nach so jung aussähe. Er kam damit übrigens nicht durch.

Oder Ihnen sind auch schon die älteren Herren aufgefallen, die nach wie vor Baseball-Mützen tragen und den Schirm nach hinten drehen wie die Rapper? Und deren T-Shirt gerade jetzt im Sommer mindestens eine Nummer zu eng ist? Das gilt aber nicht nur für die Herren, denn ich war vor einiger Zeit auf einer Veranstaltung in Düsseldorf, da fragte ich mich, ob es neben Fünflingen jetzt auch Zwanziglinge gäbe, weil viele Frauen absolut gleich maskenhaft aussahen. Sie sind wohl alle beim selben Chirurgen gewesen.

Warum machen die das?

Älter zu werden ist eine natürliche Sache, die neben vielen Nachteilen, von denen ja auch in diesem Büchlein die Rede ist, aber auch viele Vorteile hat. Man kann die Folgen des Brexits gelassen von außen betrachten und sich Zeit des eigenen Lebens am Waldspaziergang erfreuen. Wer weiß, wie lange das die jungen Leute nach diesen trockenen Sommern noch können.

Man kann sein eigenes Wissen weitergeben, egal ob andere es hören wollen oder nicht. Man kann in Bus und Bahn einen Sitzplatz einfordern und bekommt in vielen Einrichtungen einen Seniorenrabatt. Und das alles aufs Spiel setzen wegen einer Baseballkappe?

Der Duden definiert den Jugendwahn als „wahnhafte Überbewertung des Jungseins" und das trifft es wohl am besten. Die Werbung zeigt uns, wie wir jung und schön aussehen können. Falten? Einfach wegschminken, uns schön trinken. Und gegessen wird nur, was gesund ist und schön macht. Salat, Salat, Salat. Ja, da haben wir den Salat.

Es gibt einen sehr schönen Text der Nonne Theresa von Avila, das „Gebet des älter werdenden

Menschen", darin heißt es unter anderem „Lehre mich die wunderbare Weisheit, dass ich mich irren kann" – Irrwege zum Schönheitschirurgen eingeschlossen.

Und von Mae West ist der beliebte Spruch „Das Alter ist nichts für Feiglinge" überliefert. Deshalb: Wir sind keine Feiglinge, wir stehen zu uns, zu unserem Alter, (zu meinem Gewicht! Grins), aber eben auch dazu, dass wir Vieles erlebt haben, was uns niemand nehmen kann und all die jungen Rapper und Top-Models uns erst einmal nachmachen müssen.

Wir jedenfalls müssen die nicht nachmachen. Und auch wenn die Kerzen auf der Geburtstagstorte mehr und mehr an einen Fackelzug erinnern, wir haben immer noch genug Puste dafür.

Der amerikanische Schauspieler Robert Mitchum hat einmal gesagt: „Nichts macht so alt wie der ständige Versuch, jung zu bleiben." Also versuchen wir es gar doch nicht erst, und genießen wir lieber die Zeit, die wir jetzt haben.

Krabbensalat

Natürlich müssen Regeln sein, um ein reibungsloses Zusammenleben zu ermöglichen. Dennoch ertappe ich mich in letzter Zeit öfter dabei, dass ich diese Regeln nicht nur hinterfragen will, sondern dass ich auch eine heimliche Lust daran finde, sie zu umgehen. Sie auch? Und dann diese klammheimliche Freude, wenn es klappt und uns niemand das zugetraut hätte...

Vielleicht werden wir altersrenitent? Oder auf unsere älteren Tage noch zum verkappten Anarchisten? Ich weiß es nicht, aber ich habe ein Beispiel und das betrifft die Regeln an Flughäfen. Aber dazu muss ich erst etwas ausholen und ein kulinarisches Geständnis ablegen. Und das betrifft das Gegenteil von einer Diät, aber dazu kennen Sie ja meine Haltung schon.

Ich liebe Krabbensalat. Also vor allem den mit Nordseekrabben und in einer leckeren Salatmayonnaise. Da könnte ich mich reinlegen. Dummerweise gibt es diesen dort, wo ich wohne nicht zu kaufen. Nicht nur derzeit, wo es immer weniger Nordseekrabben auf dem Markt und in der See gibt, sondern eigentlich nie. Wir haben hier nur den Salat mit Eismeergarnelen. Die sind zwar auch ok, aber eben nicht so lecker wie Nordseekrabben. (Ich muss einen Moment Pause machen, mir läuft schon wieder das Wasser im Mund zusammen.)

Aber natürlich gibt es diesen Salat in Norddeutschland. Wann immer ich also in Hamburg oder Umgebung bin, bringe ich mir ein bis fünf Töpfchen davon mit. Das ist dann auch kein Problem, wenn ich mit dem Zug oder dem Auto reise. Anders ist es, wenn die Abreise mit dem Flugzeug geschieht. Aus irgendwelchen, mir nicht ersichtlichen, Gründen, wird Krabbensalat als Flüssigkeit eingestuft und darf nur eingeschränkt mitgenommen werden.

Ich habe ja den Verdacht, dass eine bekannte Marke aus Sylt dahintersteckt. Die haben nämlich am Hamburger Flughafen eine Dependance HINTER der Security und auch dort gibt es Nordseekrabbensalat – allerdings zum mindestens doppelten Preis zu dem aus dem Supermarkt VOR der Security. Aber das ist natürlich nur eine Vermutung von mir.

Aber warum diese Restriktion? Könnte tatsächlich irgendjemand die Mayonnaise für Plastiksprengstoff halten und die Krabben für kleine Bomben? Oder gab ich Anlass zur Vermutung, dass ich in das Cockpit stürmen könnte und dabei rufe: „Achtung, ich habe Krabbensalat dabei, und ich werde davon rücksichtslos Gebrauch machen! Steuern Sie diese Maschine sofort nach Moskau!"?

Nun, wie auch immer – ich wollte eines schönen Tages mal wieder nach Hause fliegen und hatte mich vorher mit zwei Töpfchen eingedeckt. Für den Abend sollte das reichen. Je Töpfchen 125 Gramm, so stand es auf der Banderole. Aber vor den Genuss hat der Himmel die Security gestellt. Ich also brav zur Durchleuchtung und wurde natürlich gestoppt. Das sei Flüssigkeit und müsste in die Plastik-Zipper-Tüte. Und überhaupt seien 125 Gramm zu viel, nur 100 Gramm seien jeweils erlaubt. Also zurück oder Krabben abgeben.

Krabben abgeben? Hat man solchen Unsinn schon mal gehört? Also ich zurück, Zeit hatte ich natürlich noch, die hab ich ja jetzt immer. Was nun?

Ich fragte eine freundlich aussehende Mitarbeiterin bei der Bordkartenkontrolle, ob es eventuell auch verständige Mitarbeiter hier gäbe, die die Nöte eines Krabbensalat liebenden Reisenden verstehen könnten. Sie schüttelte bedauernd den Kopf, wollte aber wissen, wo ich den Salat bekommen hätte. Denn auch sie liebte Krabben.

Nach kurzem Austausch über die Vorzüge unterschiedlicher Salatsorten schlug sie mir zwei Varianten vor: Ich könne ja bei beiden Töpfchen etwa 25 Gramm abessen – sie selbst sei auch gern behilflich. Oder ich solle einfach die Banderolen abmachen, die Töpfchen dann in die Klarsicht-Tüte packen und nochmal durchgehen.

Dem Himmel sei Dank für so viel gesunden Menschenverstand. Ich ging sofort in den Supermarkt und erstand ein weiteres Töpfchen mit Krabbensalat, den ich ihr als Dank überreichte. Machte die Banderolen ab, holte mir eine Plastiktüte und ging erneut zur Sicherheitskontrolle. Dabei legte ich wie selbstverständlich auf die Frage „Flüssigkeiten dabei?" mein Tütchen mit dem Salat auf das Band.

„Jeweils 100 Gramm!", sagte ich selbstbewusst. „Hm, das müsste aber draufstehen" – „Oh, keine Ahnung, aber das ist doch Sache des Herstellers, oder?" Brummelnd ließ man Handgepäck und Tüte passieren.

Sollten Sie, liebe Leser, also auch Krabbensalat mögen – jetzt wissen Sie, wie Sie in den Genuss trotz Fliegens kommen. Da aber nicht auszuschließen ist, dass auch jemand von der Sicherheitsfirma das hier lesen könnte, lassen Sie sich das besser auswiegen. Und in eine Zipper-Tüte passen bis zu drei Becher hinein, ich habe das selbstverständlich ausprobiert. Und zwar ohne Probleme.

Guten Flug und guten Appetit! Und lassen Sie sich von niemandem ein gutes Essen vermiesen. Und da es ja bekanntlich für Alles immer ein Zitat vom ollen Goethe gibt, habe ich zu Krabbensalat gesucht. Nichts gefunden. Nichts. Und dabei hatte er doch eigentlich dafür genug Zeit…

Libido

Ja, es stimmt, leider. Die Jahre nehmen zu und man selber leider auch – und nimmt dummerweise immer langsamer ab. Und was ebenfalls noch langsam abnimmt, ist das Bedürfnis nach Sex. Dafür nimmt das Bedürfnis nach Nähe zu. Und kuscheln ohne akrobatische Einlagen ist auch für die Bandscheiben gesünder.

Meine Generation ist ein Erziehungsprodukt der prüden 50er und frühen 60er Jahre, wenngleich glücklicherweise die sexuelle Revolution der Achtundsechziger für uns irgendwie gerade noch rechtzeitig kam. Aber in der Kindheit galt doch immer: Alles mit „unten rum" ist bah, darüber redet man nicht. Man wäscht es allenfalls. Und dass auch nur samstags – NACH der Autowäsche. Und vor der „ZDF Hitparade".

Alles andere ist Privatsache.

Eben!

Milde ok, aber altersmilde?

Man sagt ja immer, dass die Menschen im Alter „milder" werden. Nicht mehr so hektisch, weniger aggressiv und weniger ungeduldig. Finden Sie das auch? Also wenn ich ehrlich bin... geduldiger? Ich? Also da fragen Sie mal mein Umfeld, ich fürchte die sagen „Ja".

Aber vielleicht bin ich gar nicht geduldiger geworden, sondern – Gott bewahre – nur „altersmilde"? Angeblich hängt das damit zusammen, dass das Testosteron weniger wird und wir daher Aggressionen verlieren und weniger aufbrausend sind. Noch so eine Sache der Veränderung, von der ich nicht weiß, ob das nur wieder so ein Trick ist, um uns ruhig zu stellen oder ab das tatsächlich stimmt. Also ich war ja ohnehin nie aufbrausend. Schon wenn man mir das unterstellt, könnte ich fuchsteufelswild werden.

Ich bin schon immer die Ausgeglichenheit in Person gewesen – gut, außer beim Autofahren. Das liegt aber auch vornehmlich daran, dass die meisten Menschen einfach zu langsam und viel schlechter fahren als ich. Sie sind da sicher eine Ausnahme, aber wenn dann vor mir so eine Blindschleiche auf dem Pflaster klebt, da könnte ich glatt mein gesamtes Testosteron auf einmal loswerden. Jetzt natürlich nicht mehr, ich habe ja Zeit. Und weniger Testosteron – angeblich. Aber woher wissen diese ganzen Blindschleichen das eigentlich?

Aber sonst kann ich wirklich manchmal geduldig sein. Ich erwähnte es eingangs schon: Geduld ist – wenn ich mich bemühe - mein zweiter Vorname. Vorausgesetzt, die Bahn ist pünktlich. Oder Eurowings. Oder sonst wer. Warten mag ich nämlich nicht. Besonders nicht in der Warteschleife einer Hotline. Bis man überhaupt ans Warten kommt, hat man schon so viele Fragen beantwortet und Auswahltasten gedrückt, dass man sich direkt wundert, warum nicht Günther Jauch ans Telefon kommt. Glauben die denn ich hätte endlos Zeit?

Und dann passiert es bei so einer Hotline – es kommt Musik. Oder genauer man hört das, was irgendwelche geschmacksverirrten Zeitgenossen für Musik halten. Man müsste die dafür verantwortlichen Notenverbrecher dazu zwingen, sich ihre Ergüsse 24 Stunden lang anzuhören – bevor dann die Männer mit den weißen Jacken kommen.

Nach wenigen Minuten in so einer Hotline - Schleife habe ich mich jedes Mal so aufgeregt, dass ich dann, wenn sich endlich einer meldet, total vergessen habe, weshalb ich eigentlich anrief und wieder auflegte.

Ich warte gern geduldig innerhalb eines zuvor verabredeten Zeitraumes – na gut, nicht gern – aber ich warte. Wenn dann allerdings der Sekundenzeiger weiterläuft, dann ... aber was soll's, ich habe ja Zeit. Mich hetzt doch keiner. Ich habe deutlich weniger zu tun, kaum noch Termine. Und wenn ich mal ein paar Minuten zu spät komme, das interessiert doch niemanden.

AUSSER MIR! Ich hasse es zu spät zu kommen. Das habe ich immer schon getan und daran hat sich auch im Alter nichts, aber auch gar nichts geändert. Da werde ich nicht altersmilde, sondern zum Berserker. Ich bin ja kein Pedant, aber Termine müssen eingehalten werden. Ich könnt mich schon wieder aufregen.

Aber nein, man muss auch dazu stehen, dass man im Alter eben für alles etwas länger braucht. „Dann muss man eben früher losgehen" – hätte meine Mutter gesagt, aber da war sie auch noch deutlich jünger. Und dabei fällt mir auf – wir Älteren sehen ja heute auch viel jünger aus als die Älteren damals, als wir jünger waren. Haben Sie den Satz verstanden? Gut, dann sind Sie noch sehr jung.

Als ich Kind war, waren die Männer in meinem heutigen Alter wirklich „alt", und sie kleideten sich auch so. Grauer Anzug, graues Hemd, graue Krawatte, grauer Mantel und Hut – das war das Grauen. Heute hat man manchmal den Eindruck, als wollten – so beschrieb es einmal Gero von Randow in der ZEIT – „sie die Zeit zwischen Tretroller und Rollator auf null verringern". Jeans tief sitzend im Schritt, Karo Hemd und Baseball- Kappe – natürlich mit Schirm nach hinten. „Von hinten Lyzeum, von vorne Museum" – wäre da der Kommentar meiner Mutter gewesen. Und dabei war sie da schon etwas älter.

Man muss doch zu seinem Alter stehen, da könnte ich mich schon wieder aufregen. Altersgerechte Kleidung – das geht doch. Gut, es wird immer schwerer außerhalb eines Zeltverleihs noch die richtige Größe zu finden (auch so ein Thema, wo mir das noch verbliebene Testosteron hochkommt).

Ich habe zum Beispiel als Kind Pullunder getragen, als Jugendlicher und Erwachsener auch und tue das noch heute. Okay – es sind nicht mehr dieselben, aber es sind Pullunder. Hans-Dietrich Genscher hat das auch so gemacht. Aber gelb steht mir nicht. Das macht mich alt.

Will damit sagen, Altersmilde ist doch bloß eine Ausrede dafür, dass man Auseinandersetzungen scheut. Streiten ist Leben! Aufregen ist gut für den Blutdruck. Okay, natürlich nicht, wenn man ohnehin schon kiloweise Betablocker schlucken muss. Dann kann man, nein, dann SOLLTE man sich Altersmilde leisten.

Und das Schönste am Streit ist schließlich die Versöhnung – die muss sein. Gut, nicht beim Autofahren, aber sonst schon. Schlechte Laune ist keine Alternative zur Altersmilde, sondern nur eine schlechte Angewohnheit. Für sich und für alle anderen. Schon Cicero sagte: „Schroffheit und Unfreundlichkeit machen jedes Alter lästig". Und die jeweiligen Alten noch dazu.

Also Leute – pfeift auf Altersmilde, streitet und versöhnt euch, lasst das Testosteron sprudeln, denn wir haben noch lange genug Zeit, geduldig und milde zu sein. Wenn wir unter der Erde liegen. Denn dann haben wir alle Zeit der Welt zum Ausschlafen! Und ob danach noch etwas kommt, da streiten sich die Geister.

Negativ

Ich gebe zu, mit dem Buchstaben „N" tat ich mich schwer. Alles was mir dazu einfiel hatte so einen negativen Unterton: Neugier, Notdurft, Niedrigzins, Neid oder Narkose. Alles Themen, mit denen ich mich schon nicht befassen wollte, als ich noch keine Zeit hatte. Und jetzt habe ich – aber nun erst recht nicht.

Das gilt auch für die Nichteuklidische Geometrie, die ja – wie Sie wissen – besonders für gekrümmte Flächen gilt, bei denen das Parallelaxiom der euklidischen Geometrie nicht anwendbar ist. Aber wem sag ich das.

Und die Natur ist in den Nachrichten zurzeit auch meist mit negativen Meldungen vertreten. Artensterben, Borkenkäfer, Trump. Nur Negatives.

Dabei bin ich eigentlich kein negativ denkender Mensch, für mich ist das sprichwörtliche Glas eher immer halb voll. Und schlechte Laune kenne ich auch selten, verdammt nochmal. Nein, nichts Negatives heute! Ich sagte ja schon, dass mir die grantelnden Alten kein Vorbild sind, die immer nur sehen, dass früher alles besser war. War es ja gar nicht. Nur eben anders. Und früher. Nein, damit macht man sich selbst doch nur das Leben unnötig schwer. Und den anderen auch.

Was nicht heißt, dass man immer alles schlucken soll, auch da waren wir uns ja schon einig. Wer immer nur schluckt, bekommt ein Magengeschwür – und das ist ausgesprochen negativ. Also immer raus mit dem Widerspruch und Gegenhalten – es sei denn der oder die Gegner/in ist 30 Jahre jünger und 30 Kilogramm fitter. Dann empfiehlt es sich, den Mund zu halten.

Ansonsten – Mund auf!

Wenn man zum Beispiel an ein Unternehmen schreibt und wochenlang nichts hört (das gilt nicht nur für Eurowings), dann darf, nein, dann MUSS man sich bemerkbar machen und darum bitten, dass das Unternehmen doch mal seinen Spam-Filter kontrollieren möchte, denn darin sei sicher die eigene Mail verschwunden. Das nützt zwar nicht immer etwas, aber man fühlt sich besser. Und darauf kommt es schließlich an.

Oder wenn – wie neulich – in der S-Bahn im Gang gegenüber wieder so ein junges Mädchen sitzt, dass die Füße mit den Schuhen auf die gegenüberliegenden Sitze legt, dann mache ich ein schönes Foto mit meinem Schmahtfohn und teile dem Mädchen lächelnd mit, dass sie auf Instagram sicher viele neue Freunde finden würde. Gut, die Bahn gehöre wohl eher nicht dazu, aber ein bisschen Schwund sei eben immer…

Positiv denken. Ich sah heute einen 10- oder 11-jährigen Jungen sich mit einem Wasserkasten abschleppen und fragte ihn, ob ich ihm tragen helfen solle. Schließlich so als Erwachsener... Leider willigte er ein und so trug ich diesen Kasten mit ihm. Wie kann man aber auch so weit weg von einem Supermarkt wohnen! Das ist doch total familienunfreundlich. Und wir Älteren können auch nicht mehr sooo viel tragen! Aber er hat sich sehr nett bei mir bedankt. Meine Wirbelsäule nicht.

Und wenn am Telefon jemand einem wieder etwas aufschwatzen will, eine sinnlose Gold Card, ein noch sinnloseres Abo oder unglaublich viel günstigere Strompreise, dann hilft oft ein „Können Sie etwas lauter sprechen, ich verstehe Sie so schlecht!" – „Wer ist gestorben?" oder so. Und dann mit einem gemurmelten, aber deutlich zu verstehenden „Ich verstehe diese jungen Leute nicht!" auflegen. Herrlich! Das macht Spaß, hebt die eigene Laune und treibt das Gegenüber zur Verzweiflung.

Nein, für Negatives ist unsere Zeit einfach zu kurz. Negatives entwickelt sich nicht – nicht einmal mehr in der Fotografie. Das bleibt einfach dunkel. Und schwarz. Und wir wollen es hell und freundlich. Und wie man in den Wald hineinruft...

Jetzt bin ich schon wieder beim Wald. Und den Borkenkäfern. Ist aber auch verdammt schwer, immer nur positiv zu denken. Aber es wird uns gelingen – nicht nur Friday, nein, every day for Future!

Onlein Bänking

Habe gerade gestern wieder im Fernsehen gesehen, dass wir Älteren angeblich eher konservativ sind – im Sinne von „Bewahren" und nicht im Sinne von moderat verändern. Das mag ja auf einige oder sogar auf viele zutreffen – aber doch nicht immer auf alle. Natürlich gehen auch wir mit der Zeit und lehnen technischen Fortschritt nicht ab. Vorausgesetzt wir sehen ein, dass es sich wirklich um einen Fortschritt handelt.

Nehmen wir mal das Onlein Bänking. Das ist bequem, kann man von zu Hause aus erledigen. Sagt meine Bank – und schließt als Erstes einfach mal die Kasse in der Filiale. Das spart Personal und die Arbeit machen ja jetzt wir Kunden. Das ist absolut fortschrittlich – für die Bank. Genau wie diese Robo-Advisoren, also Roboter, die einem Anlageempfehlungen geben. Spart auch Personal. Hilft mir allerdings jetzt nicht weiter. Ich schweife ab.

Also natürlich lasse ich mir das mit dem Onlein Bänking gern erklären. Man lernt ja gern dazu. Immerhin ich habe ja schon lange einen Kompjuter, gut – nicht mehr das neuste Modell, aber er tut's noch. Damit bin ich für Onlein Bänking gut gerüstet – dachte ich. Stimmte aber nicht, denn das Wichtigste dafür ist ein Schmahtfohn. Gut, das habe ich auch (siehe dort), wenngleich es bislang eigentlich nur zum Telefonieren und Versenden von SMS gedacht ist und auch nur dafür genutzt wird. Aber ich bin ja flexibel. Zumindest glaube ich das.

Nun soll ich mir zuerst, so sagt mein <u>noch</u> vorhandener Bankberater, eine App im Guhgl-Store runterladen. Dann bekäme ich einen QR-Code, den solle ich mit dem Schmahtfohn abfotografieren und dann könne ich mich einloggen. So einfach sei das. Mir wurde einfach schwindelig. Und das Ganze sei absolut sicher. Und zudem sei das natürlich alles kostenlos.

Kostenlos? Sicher! Ha, es gibt mit Sicherheit bei Guhgl nie irgendetwas kostenlos. Da zahle ich permanent mit meinen Daten. Und denen soll ich Onlein meine Bankdaten anvertrauen? Kommt gar nicht infrage. Ich traue diesem Steuervermeidungssystem Guhgl nicht über den Weg. Nicht einmal einen Millimeter.

Wenn die mir eine Suchanfrage „kostenlos" beantworten können – ok. Dann nutzt das. Sollen sie doch sehen, ob sie mit dem Stichwort „niedersächsischer Stützenwechsel" Geld verdienen können. Nimm das, Guhgl! Aber meine Bankdaten? Never!

Ach so, falls es Sie interessiert – der niedersächsische Stützenwechsel ist in norddeutschen romanischen Kirchen der regelmäßige Wechsel von

Säulen und Pfeilern. Wieder etwas gelernt für „Wer wird Millionär".

Gut, also dann eben neuer Versuch, andere deutsche Bank. Ich nenne keine Namen, aber die ZEIT hatte gerade neulich in einem Artikel geschrieben, dass es dort unter den Angestellten noch 600 Gehaltsmillionäre gäbe. Kein Wunder, denn wenn die Kunden die Arbeit der Angestellten machen...

Ich ließ mich also freischalten und was brauche ich als Erstes? Jawohl, eine App auf meinem Schmahtfohn. Nicht auf dem Kompjuter. Nein, wieder soll ich wohl lieber mit meinem Konto telefonieren. Dann folgte eine etwa eine Seite lange Gebrauchsanleitung, für die ich gerne noch eine Extraanleitung hätte. Aber wahrscheinlich müsste ich mir dafür eine App herunterladen. Im Guhgl - Store.

Die Lösung?

Man sagt ja, dass man sich gerade im Alter mehr bewegen sollte. Und da habe ich einen Vorschlag: Gehen Sie jetzt einfach zu ihrer Bankfiliale, füllen einen Überweisungsträger aus und geben den dort ab. Dann haben Sie etwas für die Arbeitsplätze getan und so ganz nebenbei einen schönen Spaziergang gehabt. Und dafür mussten Sie sich nicht einmal eine App runterladen.

Ach ja und am besten machen Sie Ihr Guhgl-Ortungssystem auf dem Schmahtfohn dabei aus. Sollen die doch selber versuchen herauszufinden, wo Sie gerade sind.

Ach nee, geht ja nicht – wir sind ja offlein.

Öffentlicher Nahverkehr

Fahren Sie öfter mit Bus und Bahn? Dann hätte ich ein paar Tipps für Sie, die Ihre Fahrt noch amüsanter machen. Ihnen sind doch bestimmt auch schon ganz merkwürdige Verhaltensmuster aufgefallen, oder? Warum diese also nicht aktiv nutzen?

Gut, dass wir Deutschen nicht so diszipliniert in der Schlange stehen wie die Briten oder die Japaner, daran haben wir uns gewöhnt. Immer als Pulk direkt vor der Tür, dann ist das Gedrängel viel schöner und der Ein- und Aussteige Vorgang dauert auch viel länger. Aber wir haben ja Zeit.

Und wenn man dann einsteigt, dann bitte unbedingt erst einmal im Türbereich stehen bleiben und in aller Ruhe nach links und rechts schauen, ob da irgendwo vielleicht noch ein freier Platz ist. Die anderen können ruhig warten, denn wir... siehe oben. Es empfiehlt sich, danach im Zweifelsfalle lieber im Türbereich stehen zu bleiben, besonders wenn man Gepäck dabei hat. Damit kann man die Abfahrt von Bus oder Bahn ebenfalls erfolgreich verzögern. Macht ja nichts, wir haben ja...

Die andere Alternative für Reisende mit Gepäck ist auch sehr wirkungsvoll: Alles auf freien Sitzen verteilen! Das hat auch eine gesundheitsförderliche

Wirkung für die anderen Mitreisenden, denn Stehen ist ja viel gesünder als Sitzen.

Sie sehen also – man kann viel Spaß, mit Bus und Bahn haben, wenn man die Regeln beherrscht.

Polterabend adé?

Erinnern Sie sich noch an Polterabende? Der Abend vor dem großen Tag der Trauung. Alle Freunde und Verwandten kamen da zusammen, warfen Porzellan vor die Türe und das (nicht immer) fröhliche Brautpaar musste alles auffegen. Scherben sollten eben Glück bringen.

Zumindest den Werfern, denn auf diese Weise konnte man endlich die unglaublich hässliche Sauciere von Tante Käthe loswerden – Original chinesisches Porzellan, sagte sie. Made in Korea, sagte der Stempel auf der Unterseite. Die Bläck Fööss besangen einen „Polterovend" in der Kölner Südstadt und das alles hatte eine lange Tradition.

Aber fragen Sie mal heute junge Brautpaare nach dem Polterabendtermin – wahrscheinlich werden Sie nur ungläubiges Staunen hervorrufen. Heute feiert man Junggesellen- und auch Jungesellinnen - Abschied. Wenn man Glück hat, dann an sehr ungewöhnlichen oder romantischen Orten, wenn man viel Geld hat sogar in New York. Aber wer hat schon a) Glück und b) viel Geld.

Also sieht man sie in Horden an Wochenenden die Altstadt bevölkern. Diese Art zu feiern haben wir von den Vereinigten Staaten übernommen, wie so viele wunderschöne Traditionen. Vom rot-weißen

Weihnachtsmann von Coca Cola über den Valentinstag bis zu Halloween. Braucht keiner, feiern alle.

Und an Halloween erinnern auch die Junggesellenabschiede, zumindest was die Kostümierung betrifft. Man erkennt diese wilden Horden nämlich schon von weitem – alle uniformiert, mit lustigem T-Shirt mit noch lustigeren Sprüchen: Ein Ring ist kein Gefängnis, las ich da neulich. Ach, ehrlich?

Alle dasselbe T-Shirt, leider auch alle in derselben Größe. In L. Das passt jedem. Nun ja, theoretisch. So spannt das manchmal oder schiebt sich über den Körperteil, den noch im Sommer ein anderes lustiges T-Shirt zierte: Bier formte diesen Körper. Aber der Bräutigam in spe trägt in jedem Fall das lustigste Kostüm von allen. Nachdem er schon beschlossen hat, sich durch Eheschließung zum Narren zu machen, sollen das auch alle am Kostüm erkennen. Lustiger Petticoat, BH über dem zu knappen T-Shirt und eine McDonalds-Krone auf dem Kopf. Wie tief kann man sinken...

Jedoch die Frauen stehen ihren männlichen Gesellen in nichts nach. Auch dort ist uniforme Kostümierung Pflicht und die Braut hat ebenfalls keinerlei Probleme damit, sich zumindest äußerlich einen Abend lang komplett zum Affen zu machen. Nun ja, Amerika eben. Wenn man einen Präsidenten wählt, der als Frisur ein Frettchen auf dem Kopf trägt, dann weiß man, wie der bei einem seiner mehreren Junggesellen-Abschiede ausgesehen haben muss.

Und ganz wichtig – viel Alkohol. Anders ist die Kostümierung auch weder zu erklären, noch zu ertragen. Also für die Abschied Nehmer. Der Rest der nüchternen zufälligen Altstadtbesucher hofft nur, dass nicht schon wieder Karneval ist.

Dabei entspinnen sich dann in solchen Gruppen wirklich lustige Dialoge – also zumindest finden das die Gruppenmitglieder. Neulich in der Straßenbahn: „Da sollte er dann 7 Euro für das Bier bezahlen. Seine Antwort: Das sind ja zwei Döner!" (allgemeines Kreischen, das ist ja auch wirklich eine zu lustige Antwort. Zumindest nach 4 Flaschen Prosecco). „Ehrlich, zwei Döner!" (erneutes Kreischen, die Flasche kreist) Meldet sich ein T-Shirt mit der Aufschrift: Hier BRAUT sich was zusammen – „Also ist das die neue Währung?" (Kreisch Alarm) Ich schaue unauffällig danach, wo sich die Notbremse befindet. „Dann müssen wir noch Euro in Döner wechseln" – jetzt rastet die Gruppe völlig aus.

Diese wirtschaftswissenschaftlich höchst interessante Anmerkung kam von der Braut, wobei sich „wirtschaftswissenschaftlich" eher auf die vielen Kölsch Kneipen beziehen konnte, die die Gruppe offensichtlich schon inspiziert hatte. Die Braut war deutlich an einem Blütenkranz und einem rosa Schwimmreifen mit Flamingo Kopf zu erkennen.

Kluge Verkleidung, denn die Bahn fuhr gerade über eine der Rheinbrücken, da ist Vorsorge immer gut, wenn man am nächsten Tag noch heiraten will. Vorausgesetzt, dass man dann noch kann.

Zu den wenigen positiven Aspekten der Pandemie zählt, dass uns derlei Exzesse zumindest für ein paar Monate erspart blieben. Wie schön waren doch damals die Polterabende, die fanden meist zu Hause statt, und wer nicht dazu gehören wollte, der bekam nichts davon mit. Ach, da fällt mir ein – sollte jemand heiraten wollen, ich hätte jetzt Zeit vorbei zu kommen. Aber wirklich nur zu einem echten Polterabend. Und eine schöne Sauciere habe ich noch im Schrank – übrigens alle Tassen auch.

Quälerei

Endlich kommt man dazu mehr zu lesen. Wirklich, versuchen Sie das mal, es entspannt und entschleunigt ungemein! Also ich finde es wunderbar, so entspannt im Sessel zu sitzen, eine CD abzuspielen, von der ich schon gar nicht mehr wusste, dass ich sie habe und dann zu lesen.

Zum Beispiel die Biografie von Helmut Schmidt. Mit einem Kaffee daneben, denn wie ich nun gerade lesen konnte, ist Kaffee ja viel gesünder, als man früher immer dachte. Geht einem ja mit vielen Dingen so. Und im Alter muss man ja auch mehr auf seine Körperpflege achten. Und auf die Ernährung. Habe ich auch gelesen. Und man soll den Kopf mehr anstrengen, Beziehungen pflegen und immer viel trinken. Nicht nur Kaffee. Kein Wunder, dass die meisten Rentner keine Zeit mehr haben. Die treffen sich mit anderen und cremen sich ein, während sie Wasser trinken und Sudoku machen. Sie auch?

Also ich mache ja jetzt viel mehr Sport als früher. Churchill soll ja angeblich gesagt haben „Sport ist Mord". Ist natürlich Quatsch, aber eine Quälerei ist das häufig schon. Habe gelesen, dass man gerade im Alter, äh, also ich meine, wenn man älter wird, auch unbedingt an die Bewegung denken soll. Und eben an das Trinken. Gut, damit habe ich nie Probleme gehabt, so ein leckerer Rotwein..., und der muss eben auch wieder abtrainiert werden. Gerade Sport hilft eben dabei, fit und mobil zu bleiben, sofern der Muskelkater es zulässt. Und wenn der Ehrgeiz sich in Maßen hält, was die Gewichte und Distanzen anbetrifft. So entstand ja „Nordic Walking", jene Lieblingsbeschäftigung Nummer 2 der Rentner. Was die Nummer 1 ist? In Baumärkten rumzulungern, sich einzucremen und das Personal zum Wahnsinn zu treiben. Aber das ist eine andere Geschichte, ich schweife erneut ab.

Quälerei ist das Stichwort. Damit meine ich nicht, sich aus dem Sessel zu quälen (was schon manchmal schwierig genug ist), sondern sich bewusst und sehenden Auges sportlichen Risiken auszusetzen. Denn – ja, ich gebe es zu, es gibt auch Risiken und Nebenwirkungen des Alters, da muss man eventuell doch mal seinen Arzt oder Apotheker fragen.

Also mir taten zum Beispiel die Knie weh. Also nicht nur mal eben so. Nein. Immer beim Aufstehen. Und das muss man ja ab und an mal tun. Obwohl ich ja jetzt viel Zeit habe. Also ich komme – natürlich langsam! – hoch und – Autsch! – Gut, denke ich, Vademecum, gehe zum Arzt! Alter Gag von Otto Waalkes, aber immer wieder gut.

Ich sage also dem Doc, dass ich Schmerzen in den Kniegelenken habe. Kann nicht sein, sagt der.

Ist der Geistheiler oder was? Natürlich, sage ich. Merke ich doch. Nein, sagt der angebliche Fachmann, die Knie sind keine Gelenke. Gelenke haben Kugeln und Pfannen, wie die Hüften und die Schultern. Deshalb können sie auch Kreisbewegungen machen. Knie sind Scharniere, die Knochen nur geschützt durch eine Knorpelschicht – die können nur strecken und beugen.

Gut, Herr Oberarzt, sage ich, dann habe ich eben Scharnierbeschwerden und zwar beim Strecken UND beim Beugen. Ok, sagt er, dann MRT. Das machen Orthopäden gerne, denn das ist teuer und wird besonders gern bei Privatpatienten abgerechnet. Und bei der Nachbesprechung erklärt er mir dann, ich hätte Arthrose. Altersbedingte Arthrose. Altersbedingt – ich bitte Sie. So ein Humbug. Ich wusste, dass der nicht viel Ahnung hatte. Das Einzige, was ich ja wohl wirklich habe, ist Zeit!

Nun neige ich dazu in allen möglichen und unmöglichen Situationen Wortspiele zu machen. Und ich fragte mich deshalb gerade, ob der Text „Es ist ein Arthros' entsprungen aus einem Knorpel zart" wohl als Weihnachtslied Karriere gemacht hätte oder ob „Weiße Arthrosen aus Athen" jemals hätte ein Hit werden können. Von „Auf der Heidi blühn die letzten Arthrosen" ganz zu schweigen.

Dabei hätte ich fast seine Empfehlung überhört. Wie auch immer – ich bräuchte „Physio". Physio –

so nennen wir Kenner die moderne Form der eigentlich längst abgeschafften und grundgesetzlich verbotenen Folter. Physiotherapeuten unterscheiden sich von Personal Trainern durch einen ausgeprägten Hang zum Sadismus. „50 Shades of Grey" – das ist wahrscheinlich deren Lieblingsbuch.

Meinen Physiotherapeuten nenne ich hier aus Diskretionsgründen und wegen der europäischen Datenschutzgrundverordnung einfach „Hannibal Lector" – er hatte dieses mörderische Glitzern in den Augen.

Mit einem ausgesprochen merkwürdigen Unterton sagte er: „Wir müssen die Muskulatur lockern, die das Knie gerade hält." Und dann kam es: „Und natürlich die Sehnen stabilisieren". Schon dieser Satz und vor allem das „Wir" und das „Natürlich" hätten mich stutzig machen müssen.

Muskulatur lockern – das hört sich doch eigentlich sehr vernünftig an. Aber als Hannibal das erste Mal seine Stahlfäuste in meine Oberschenkel krallte, da hörte ich automatisch die Engel singen. Mehrstimmig. Sehr hoch! Und für mich sollte es definitiv keine roten Arthrosen regnen. Ich wusste nicht einmal, dass ich an der Stelle Muskeln hatte.

Ganz zu schweigen von den Sehnen, nach denen ich mich wirklich nicht gesehnt hatte. Und dann machten wir auch wieder diese Quälerei, die sich

Sport nennt. Zur Stärkung der Muskeln und der Sehnen. Um das Knie zu stabilisieren. Das ist so im Alter. Und ich dachte immer: Wovon redet der? Alter? Hallo, ich bin gerade erst Rentner geworden. Alter, also echt...

Am Ende der ersten Sportrunde merkte ich dann aber doch, dass der Spruch mit dem Alter soooo falsch nicht war. Ich musste mich erst mal kurz für 10 Minuten hinlegen.

Und als ich Stunden später wieder aufstand, da merkte ich deutlich mein Scharnier. Ich muss wohl nochmal zu meinem Folterknecht. Dafür muss ich allerdings die Treppe rückwärts heruntergehen, wegen der Muskeln und der Sehnen. Und ich kann das nicht mal hinausschieben und andere Termine vortäuschen, ich habe ja keine. Ich hab ja Zeit...

Reisen in Gruppen

Aber ehrlich, man kann ja nicht nur lesen – was also macht man jetzt mit der vielen freien Zeit? Natürlich all die Dinge, von denen man sich immer schon sagte: Also das müsste man auch mal machen. Jetzt kann man. Man hat ja Zeit. Aber macht man es? Nein.

Und dasselbe bei Reisen. „Da wollte ich schon immer mal hin" – aber fährt man? Nein. Irgendwas ist ja immer. Und dabei weiß man genau, dass die Uhr tickt, oder? Also sagte ich mir: Axel, (ich duze mich) los jetzt! Du wolltest immer schon diese Reise machen – buch jetzt! Und ich wirkte offensichtlich sehr überzeugend auf mich, denn ich habe gebucht.

Haben Sie schon mal eine Gruppenreise gemacht? Sicher. So richtig organisiert vom Reisebüro. Das erleichtert vieles, denn man muss sich um die organisatorischen Dinge nicht kümmern. Das erledigen andere – sehr angenehm. Und Sie wissen deshalb schon vorher, **was** auf Sie zukommt. Aber Sie wissen nicht **wer**. Und das kann, je nachdem, für den erfreulichen oder weniger erfreulichen Verlauf der Reise von ausgesprochen entscheidender Bedeutung sein.

Also ich war neulich gemeinsam mit einer Freundin auf so einer Reise. Ein Tipp: Reisen Sie nie allein, wenn es sich um eine Gruppenreise handelt! Sie werden wahnsinnig, weil Sie sich ja mit niemandem über Ihre Mitreisenden austauschen können. Schließlich weiß man ja nie, wer da wen kennt oder mit wem befreundet ist. Das weiß man erst, wenn es zu spät ist, und der Fettnapf ordentlich gespritzt hat.

Wir also schon am Flughafen erste Tipps ausgetauscht. Und genau das Verhalten observiert. Da war dieses Ehepaar – er Typ Lehrer, wahrscheinlich Mathematik oder Physik – irgendwas sehr trockenes jedenfalls. Hager, aufrecht. Seine Frau durchaus sportlich, beide mit Handgepäck reich gesegnet. Und dann kam die Security. Lange Schlangen vor der Kontrolle.

Natürlich warteten beide bis sie dran waren, nicht etwa schon vorher die Jacke aus, oder so. Das wäre ja zu einfach. Also Bordcase auf das Band. Und dann...

Moment mal, bitte die Jacke ausziehen. Ach so. Aber jetzt abwenden. Flüssigkeiten? Ach ja stimmt. Also Flüssigkeiten raus. Und wieder zum Scanner. Laptop? Ui, ja! Der war da ja auch noch drin. Also erneut zurück, Laptop raus. Alle Taschen leer? Das auch? Nun gut, umständlich werden die Taschen geleert. Die Schlange hinter uns wurde länger.

Nun kam seine Frau, die das ja alles beobachtet hatte. Aber hatte sie daraus gelernt? Ich war gespannt, wir gaben Tipps ab. Und.... - Nein! Gewonnen! Das ganze Spielchen wiederholte sich erneut. Die Schlange hinter uns nahm biblische Ausmaße an, man machte zwei weitere Kontrollstellen auf, um Tumulte zu vermeiden. Und wir wussten – wenn die beiden zu unserer Reisegruppe gehören sollten dann könnten wir uns auf viel Spaß einstellen.

Also versuchten wir alle erdenklichen Tricks, um einen Blick auf die Reisedokumente oder einen Kofferanhänger zu erhaschen, wir hielten uns wie angelegentlich in deren Nähe auf, um aus etwaigen Gesprächsfetzen Hinweise auf das Reiseziel zu erhaschen. Die werden doch nicht etwa... nein, wir hatten Glück. Die wurden nicht.

Übrigens vergaß die Dame nach der Kontrolle beinahe ihren Koffer, weil sie sich ja erst komplett wieder anziehen musste und sich dahinter alles staute. Das wiederum machte sie offensichtlich in den Augen der überwachenden Kontrolleure so verdächtig, dass sie anschließend direkt mit Sack und Pack zur Sprengstoffkontrolle geleitet wurde. Ja, Strafe muss ein.

Auch so ein beliebtes Thema bei Gruppenreisen ist die Rückkehr zum Bus bei Ausflügen. Der Reiseleiter kann noch so oft in allen erdenklichen gängigen menschlichen Sprachen die Uhrzeit nennen, irgendwer fehlt immer. Man erkennt das am hektischen mehrfachen Durchzählen des Reiseleiters. Aber egal, wie oft er oder sie zählt – jemand fehlt. Und ich bin sicher: Selbst wenn der Bus eingekeilt in einer Bergschlucht stünde, irgendwer schafft es dennoch, zu spät zu kommen. Um sich dann – wie selbstverständlich – einfach irgendwann auf „seinen" Platz zu setzen.

Das ist auch so ein Phänomen. Man kennt sich nicht, wir alle sind zum ersten Mal in diesem Bus, aber jeder hat schon „seinen" Platz und gibt den auch die ganze Gruppenreise über nicht mehr her. Handtücher über den Sitzen sind allerdings verpönt.

Überhaupt „Ausflüge". Da wird vor jedem Ausflug genau gesagt, wo es hingeht, was ggf. dazu mitgebracht werden muss und ob das eventuell körperlich anstrengend sein könnte. Und Sie können einen todsicheren Tipp darauf abgeben, dass nicht nur mehrfach nachgefragt werden wird (gut, das Gehör leidet ja manchmal im Alter), sondern dass sich für die schwierigsten Ausflüge genau diejenigen anmelden, die über solche körperlichen Gebrechen verfügen, dass sie genau dorthin nicht mitgehen sollten. Bergwanderungen mit Hüftleidenden sind ebenso schwierig wie Bootsausflüge für Nichtschwimmer. Und auch wenn die armen Reisemitarbeiter alles versuchen, es denen auszureden – da setzt wieder das Gehör aus. Und wenn es dann schwierig wird, sind immer die Reiseleiter schuld.

Aber meine liebsten Reisegenossen sind die „Been there"s. Die waren schon überall. Und überall war es mindestens ebenso schön, wenn nicht schöner. Oder wahlweise wärmer, kälter, höher, tiefer. „Schau mal, wie schön blau das Meer ist!" – „Das ist doch nix gegen damals in Kenia, weißt du noch?" – „Oh, der Wind ist aber ganz schön frisch" – „Also in Nepal war es viel windiger". Und dann warte ich immer auf meinen Einsatz. Und wenn von denen wieder einer einen Vergleich wagt, dann kommt von mir das Ultimative „Nun ja, in tausend Meter Tiefe sieht man ja auch kaum was, nicht wahr, Schatz?" und dann ist erst einmal Ruhe. Es sei denn, es ist ein Nichtschwimmer dabei. Denn der war dann ganz sicher schon mal auf einem Tauchausflug.

Sehr beliebt bei Reisegruppen sind auch die – ich gebe es zu, vornehmlich männlichen – Organisationstalente. Sie geben sehr gerne Anweisungen, besonders gern an die eigene Familie. Und damit jeder auch gleich versteht, wer hier der Chef ist, sind diese häufig im Kommandoton. Es folgt ein Originalzitat, wirklich. Sagt ein Mann zu seiner Frau: „Handschuhe!" – Sie schaut ihn an. „Anziehen!" Und was macht sie? Sie tut es. Ja, da ist die Welt noch in Ordnung. Das Weib sei dem Manne untertan.

Dann wäre da – nur der Vollständigkeit halber – noch die junge Amerikanerin, die uns täglich in neuen modischen Kombinationen überrascht. Kurze pinkfarbene Hosen und dazu grüne Pantoffeln – da wird das Frühstück zum Event. Sie ist wirklich sehr nett – aus der Ferne. Denn leider steht ihr Mund nie still, sie redet wie ein Wasserfall. Und ist dazu noch eine echte Frohnatur, gesegnet mit einer Lache, die man überall heraushört. Und ich meine wirklich: Überall. Zufällig hörte ich neulich im Vorbeigehen, wie jemand ihr den Spitznamen „stbk" gab, das stand für „soon to be killed". Also das war wirklich nicht nett. Aber sowas von verständlich…

Allerdings war dabei auch diese Rollstuhlfahrerin, die immer gut gelaunt und fröhlich war, und für die sich daher auch alle ein Bein ausrissen, um sie auch bei den Ausflügen dabei zu haben. Oder das alte Pärchen, 57 Jahre verheiratet und topfit, gesegnet mit einer ungeheuren Portion Humor. Entwickelt man offensichtlich in 57 Jahren Ehe. Oder auch die zwei älteren Damen aus Frankreich, die sich erst vor wenigen Jahren per Zufall als Alleinreisende kennengelernt haben und nun, so oft es geht, miteinander verreisen.

Trotz der Nörgler und wohl vor allem Dank der geschilderten positiven Mitreisenden und des unerschütterlichen Humors der Reiseleiter – die gemeinsame Reise hat so viele schöne Momente, die Reiseleiter geben sich Mühe, es gibt so wenig zu mosern, dass sich irgendwann gegen Ende das Wunder vollzieht: Die Reisenden kommen miteinander ins Gespräch, statt übereinander zu sprechen. Und siehe da – es sind Menschen! Und so finden sich Gruppen und Grüppchen – nach Nationalitäten, nach Gleichaltrigkeit, nach Interessen. Und so wird am Ende tatsächlich noch aus einer bloßen Gruppen –, eine echte Gemeinschaftsreise.

Wer hätte das gedacht! Ach, Sie haben das auch erlebt? Dann kennen Sie bestimmt auch solche Reisegenossen und irgendwie habe ich das tatsächlich getan – es genossen.

Wann geht es wieder los? Ich hätte ja jetzt Zeit...

Sport

Vor einiger Zeit habe ich gelesen, dass man das Gehirn am besten dadurch jung erhält, indem man ihm immer mal wieder etwas Neues zu lernen gibt. Bloß nicht immer gleiche Abläufe. Eine neue Sprache zu lernen sei gut, etwa Chinesisch.

Nun ist mein Interesse am Erlernen der chinesischen Sprache gering, ein paar Brocken kann ich und die meisten Chinesen sprechen Englisch. Aber dann sah ich ein Angebot für einen Golf - Schnupperkurs. Damit war nicht gemeint, dass man an einem Neuwagen riechen solle, was angesichts der Tricksereien von Volkswagen mit den Abgaswerten wohl ohnehin eher letale Folgen gehabt hätte.

Nein, gemeint war ein Ausflug ins Grüne. Ich war nach diesem Sommer gespannt, ob das Grün seinen Namen zu Recht trüge, denn hier bei uns war alles Grün inzwischen braun, weil es ja viel zu wenig geregnet hatte.

Aber der Golfplatz am Rande der Stadt erstrahlte in frischen Tönen, sofern Gras strahlen kann, was man zumindest damals nach dem Unfall in Tschernobyl vermutet hatte. Doch daran wollte ich nicht denken, es war ein schöner Spätsommertag und ich war gespannt, ob es sich lohnen würde, mein Gehirn mit Golf zu überraschen. Diesem Sport haftet ja immer etwas Elitäres an, aber ich war erstaunt, wie leger und ungezwungen es auf und um den Platz zuging.

Wir waren eine Gruppe von zehn neugierigen Schnupperern, die mit jeweils zwei Schlägern und einem Eimer voller roter Bälle versorgt wurden. Und so zogen wir Frischlinge auf das Grün. Unser Trainer, ein ehemaliger Eishockeyspieler, versuchte uns im Rahmen seiner Möglichkeiten zu motivieren, aber da brauchte es wenig Einsatz, denn wenn wir irgendetwas waren, dann motiviert. Ob dazu allerdings auch noch eine Begabung für diesen Sport kommen könnte, das sollte dieser Tag zeigen.

Die ersten Erläuterungen für die Griff- und Schlagtechnik mit einem der Golfschläger verliefen unfallfrei, was ja immerhin schon ein Erfolg ist. Das „Chippen", ein Schlagen über eine kürzere Distanz, ließ die Bälle allerdings munter in alle Richtungen spritzen.

Hier zeigte sich der Vorteil der Farbe Rot – spätestens, nachdem das Kommando ertönte, die Bälle nun wieder einzusammeln. Bücken und wieder aufrichten, bücken und wieder aufrichten – das trainiert ja die Rückenmuskulatur ungemein. Und man merkt sehr schnell, ob man tatsächlich überhaupt Rückenmuskulatur hat. Also ich hatte. Eindeutig!

Nächster Akt war „Putten", was man „Patten" ausspricht. Ist Englisch, ich weiß leider nicht, wie das auf Chinesisch heißt. Aber da steht man auf einem Rasen mit Mecki-Schnitt – also den hat der Rasen, man selber muss dafür nicht extra zum Frisör – und versucht mit dem zweiten Schläger, den kleinen roten Ball in ein Loch zu bugsieren. Kennt man vom Minigolf und hat mich schon dabei an den Rand des Wahnsinns gebracht. Und das ist übrigens beim Maxi-Golf nicht anders.

Gäbe es Punkte für „Haarscharf daran vorbei", ich könnte mir gute Medaillenchancen ausrechnen. Ich war mir absolut sicher, dass Einfalls-, Schlag- und Ausfallswinkel in idealer Position zum Loch waren. Aber der Ball rollte sanft neben, ich betone „neben", dem Loch aus. Und links und rechts neben mir hörte ich die Bälle der anderen Kursteilnehmer im Loch landen. Was für ein peinlicher Auftritt. Nix war mit Tiger Woods, allenfalls „die Wutz", womit man im rheinischen ein Schwein bezeichnet. Nur hatte ich eben kein Schwein.

Gut, es gab ja noch den „langen Schwung", damit konnte ich mich trösten. Aber vielleicht war auch genau an meinem Loch mit dem Fähnchen der Rasen nicht ganz akkurat geschnitten, das kann ja vorkommen, und ich nehme das den Betreibern nicht übel. Oder der Leihschläger war nicht ganz in Ordnung oder so. Ich bin da nicht nachtragend, auch wenn ich den Schläger weiter mit mir herumtrug. – Sorry, Sie kennen ja inzwischen meine Neigung zu Wortspielen.

Nun also der „lange Schwung", für den es sicher auch einen englischen Ausdruck gibt, aber der wurde uns noch verheimlicht. Der chinesische übrigens auch. Man steht rechtwinklig zur Schlagrichtung, die Knie leicht angewinkelt und den Oberkörper etwas vorgebeugt. Ganz natürlich. Meine Mutter hätte bei dem Anblick gesagt: „Wie ein Affe auf dem Schleifstein." Aber meine Mutter hat eben auch nicht Golf gespielt.

Und dann hebt man den Schläger mit beiden Händen, linker Arm gestreckt (ich bin Rechtshänder) und lässt ihn locker herunterfallen, trifft dabei den Ball und ab geht die Luzie.

Zumindest theoretisch.

Ich sah neun Schnupperer den Schläger konzentriert heben und ebenso konzentriert fallen lassen. Und tatsächlich wurden ein paar Bälle bewegt, meist allerdings spritzte rund um uns herum der Rasen in mehrere Richtungen. Auch mir gelang es binnen kurzem mühelos, einen Großteil der Grünfläche abzutragen. Und wenn ich den Ball traf, dann beschrieb dessen Flugbahn keineswegs die ideale

Kurve und ging in die gewünschte Richtung, sondern löste eher ein „Achtung!" in Richtung meiner Nachbarn aus.

„Locker in den Schultern! Und aus der Hüfte drehen", meinte der Trainer angesichts meiner Bemühungen, die Umgebung mit Hilfe meines Schlägers durch Bodenbewegungen optisch zu verändern. Ehrlich. Bleiben Sie mal locker in der Hüfte, wenn Ihr Schläger die Grassoden durch die Gegend wirbelt und der kleine rote Ball wie zum Hohn einfach vor Ihren Füßen liegen bleibt.

Der Trainer meinte überraschenderweise: „Schon ganz gut, aber morgen werden Sie den Rücken spüren, doch das ist gut für die Muskulatur und bringt einen aufrechten Gang." Ich hoffte nur, dass mich niemand meiner Bekannten hier ertappen würde, dann wäre es nämlich mit dem aufrechten Gang vorbei, ich würde mich eher an allen vorbeischleichen, nur um blöden Kommentaren auszuweichen. Gut, dass keiner Fotos machte, die dann irgendwie bei Facebook landen und bei meinem Glück sicher auf irgendwelchen Wegen Bekannte von mir erreichen würden.

Oh, mein Eimer mit den roten Bällen leerte sich. Schade! Keine Bälle mehr, die ich mit langem Schwung ins Abseits bewegen könnte. – Zu früh gefreut, es gab Nachschub. Und so zwei Stunden können sich ja ziehen. Apropos ziehen – es zog schon mächtig in meinem Rücken. Was ja gesund sein sollte. Dass diese Bemerkung allerdings von einem ehemaligen Eishockeyspieler kam, hätte mir zu denken geben sollen. So vermummt, wie die immer unterwegs sind.

Aber alles hat ein Ende, auch der Schnupperkurs. Wir schlichen vom inzwischen nicht mehr ganz so grünen Grün, es war inzwischen mehr Krume zu sehen. Und ich gestehe, ich war echt kaputt. Die Konzentration darauf locker zu sein und die ungewohnten Bewegungsabläufe, forderten ihren Tribut.

Würde das mein Sport sein können? Würde der Golfplatz meine Schlagversuche überleben? Ich war mir bei beiden Fragen nicht sicher. Und dann – nennen Sie es Zufall oder Kismet, oder vielleicht war auch der Gott des Rasens im Spiel – ich sah am selben Abend in den Nachrichten Bilder von einem Golfturnier. Sah sie chippen, lang schwingen und putten. Und keine Grassoden flogen. Und da ahnte ich – schnuppern war ja okay, aber auf Dauer sollte ich wohl doch eher an anderen Sportarten riechen.

Also probiere ich weiter aus. Ich habe ja Zeit.

Telefon

Auch so ein Vorurteil – wir Älteren seien nicht mehr neugierig auf neue Technik und könnten die ohnehin nicht mehr begreifen. So ein Quatsch! Wir haben doch jetzt Zeit und könnten problemlos stundenlang Gebrauchsanweisungen für neue Geräte lesen. Wenn es die denn gäbe. Aber die sind jetzt nur noch im Internet zu finden und wie man die da findet, dazu gibt es nirgendwo eine Gebrauchsanweisung. Na, gut dass ich Zeit habe, um meinen Neffen anzurufen, dass er mir die mal eben ausdruckt. Und dann lese ich die 20 Seiten in aller Ruhe durch. Ich hab ja Zeit.

Oder – Vorurteil Nummer 2 – wir etwas Älteren seien nicht mehr so flexibel, wir wechseln nicht mehr die Marken, sondern bleiben lieber beim Bewährten. Nun empfinde ich das nicht als Nachteil, wenn man Verlässlichkeit schätzt, aber natürlich probiere ich gern etwas Neues aus. Ich bin neulich mal links herum aus dem Haus gegangen und war ganz erstaunt, was da zwei Hausnummern weiter alles neu gebaut worden ist. Ich finde es wichtig, sich nicht von den Neuentwicklungen abzukoppeln. Ich habe zum Beispiel einen internetfähigen Fernseher. Jawohl. Gut, er ist nicht ans Internet angeschlossen, aber er könnte es sein, wenn ich denn die Gebrauchsanweisung wiederfinden würde.

Deshalb habe ich jetzt auch ein Schmahtfohn. Ein Samsung S7, das ist das, was wohl öfter mal explodiert ist. Meins explodiert nicht, ich dafür umso öfter. Dieses Wischen und Tippen mag ja für kleine, unschuldige 14-jährige Händchen geeignet sein, aber für klobige Arbeiterhände (gut, ich übertreibe) ist es definitiv nicht gemacht. Ich wische und wische und es passiert... nichts. Egal wie oft ich wische – und ich wische oft, ich habe ja Zeit. Das Einzige was passiert ist, dass der Bildschirm von dem Teil immer verschmiert. Man soll ja auch nicht beim Essen telefonieren.

Und dann soll man ja auch das Handy mit einem Passwort sichern. Grandiose Idee. Vor jeder, ich wiederhole, JEDER Aktion muss man dieses dösige Passwort eingeben. Und natürlich habe ich, wenn es darauf ankommt, die Kombination aus vier Ziffern wieder mal vergessen. Nachsehen kann ich auch nicht, denn der Hinweis ist im Schmahtfohn und da komme ich ja grade nicht ran.

Was für eine Erfindung! Mein erstes Handy war ein Nokia, Sie kennen das sicher noch – oh, selige Zeiten. Damit konnte man telefonieren und später sogar SMS verschicken. Und? Muss ein Telefon mehr können? Nein, deshalb heißt es ja TELEFON. Was ja übersetzt „weit sprechen" bedeutet und manche meiner älteren Zeitgenossen nehmen das sehr wörtlich und tröten mit einer Lautstärke ins Gerät, als wollten sie direkt mit ihrem Gesprächspartner in New York reden. Aber ich schweife schon wieder ab.

Mein Schmahtfohn kann mir sogar sagen, wo ich bin. Ist ja irre, als ob ich das nicht selber wüsste. Und wo ich hinwill, sagt es mir auch. Warum geht es denn nicht gleich allein da hin, dann hab ich mir viel Zeit gespart, und es kann dort schöne Grüße von mir ausrichten. In Bild und Ton. Das wäre mal schmaht!

Es sagt mir auch den Wetterbericht für morgen in Moskau. Oder sonst wo. Leider ist es dabei genauso ungenau wie der Wetterbericht im Fernsehen. Wahrscheinlich haben die da im Studio auch alle ein Schmahtfohn und holen sich ihre Infos von dem Teil. Kein Wunder, dass ich heute wieder triefnass wurde, weil ich ohne Schirm losging, denn die haben nach der Tagesschau gesagt, dass es morgen trocken bleibt. Hat mein Schmahtfohn übrigens auch gesagt, ich habe das kontrolliert.

Wo Sie grad sagen „Kontrolle" – das Ding kontrolliert mich ohnehin. Es ist ständig online, behauptet irgendwelche Updates zu haben. „Up – Dates"? Dabei kenne ich niemanden bei Samsung, der sich mit mir auf ein Date treffen wollen würde. Und deshalb kümmere ich mich auch nicht darum – wüsste ja ohnehin nicht, wie das geht. Dies Ding allerdings behauptet immer, alles besser zu wissen, diese Nervensäge. Ständig ermahnt es mich: „Sag Ok Google" – was ist denn das für ein Satz? Und aus welcher Sprache kommt der? Wahrscheinlich koreanisch, ist ja von Samsung. Und was passiert wenn ich „Ok Google" sage? Wahrscheinlich habe ich sofort ein Aktienpaket gekauft. Nee, nee, das ist definitiv nicht ok, Google.

Oh je – ach, das hab ich glücklicherweise nicht laut gesagt. Puh, ist nochmal gut gegangen.

Man muss permanent aufpassen bei diesem Schmahtfohn. Die Lufthansa will mich damit nicht mitnehmen, schreiben Sie. Samsung 7 ist von der Beförderung ausgeschlossen. Clevere Leute bei der Lufthansa. Wahrscheinlich sagt das S7 den Piloten auch, welche Flugroute sie nehmen müssen und wenn nicht, dann „Ok, Google". Woher haben die Piloten eigentlich die Informationen zum Wetter am Zielort? Ich ahne, wer dahinter steckt.

Und selbst als Telefon ist das Ding unhandlich. Mein altes Nokia konnte ich mit einer Hand bedienen, aber das Samsung? Ein Beispiel? Bitte! Ich steh an der Straßenbahnhaltestelle. Es regnet. Ich habe einen Schirm aufgespannt. Die Bahn hat Verspätung, ich will anrufen, um meine Verspätung anzukündigen. Das bedeutet:

Knopfdruck zum Einschalten –

Wischen –

Vierstellige Sicherheitsnummer eingeben um versehentliches Anrufen zu vermeiden –

Telefonsymbol antippen –

Kontakte aufrufen –

Namen antippen –

Auf das Telefonsymbol tippen –

Wenn man Glück hat und schnell genug war, dann geht der Anruf raus. Wenn nicht – und das ist öfter mal so, dann schaltet sich das Gerät zwischendurch wieder aus und die ganze Prozedur beginnt von vorn.

Wo ist das Problem, werden Sie fragen? Nun, ganz simpel. Sie haben in der linken Hand den Schirm. Mit der rechten halten Sie das Telefon und mit welcher Hand wollen Sie jetzt wischen und antippen? Das gibt Ihnen genau drei Optionen:

1. Sie vollführen zur Belustigung der Umstehenden eine kleine akrobatische Einlage.

2. Sollen die doch ohne Nachricht auf mich warten.

3. Sie werden nass.

Erwähnte ich schon mein altes Nokia?

Aber mein Schmahtfohn macht gute Fotos, das muss ich zugeben. Früher hatte man dafür Fotoapparate. Heute machen alle Selfies. Dafür hat man extra diesen Spazierstock erfunden, den jetzt vor allem unsere asiatischen Freunde mit Eifer benutzen. Und mal ehrlich, das Brandenburger Tor allein ist doch ein langweiliges Bauwerk. Wenn aber ein Dauergrinser davor steht – das wirkt doch gleich ganz anders. Irgendwann werden Architekturbildbände nur noch Selfies zeigen. „Guck mal, wir waren am Taj Mahal!" – „Wo denn, ich sehe nur euch" – „Ja, das Ding steht da um die Ecke. War so schrecklich weiß, das kommt nicht so gut". Das stimmt, Zwielicht kann es überhaupt nicht leiden, aber das hat es mit manchen zwielichtigen Gestalten gemeinsam.

Man kann sogar Videos mit diesem Monster machen und angeblich soll es sich auch in der Position an Hochkant oder Breitband anpassen. Tut es aber nicht. Dann soll leichtes Klopfen helfen. Hab ich versucht. Sogar mit schwererem Klopfen. Tat sich nix. Blieb hochkant. Wollte das Ding schon hochkant in die Ecke werfen, dabei hab ich das Video dann aus Versehen gelöscht. Na, machte nix. Sah hochkant sowieso nicht so toll aus, das Brandenburger Tor.

Also ich nehme mein Schmahtfohn jetzt nur noch zum Telefonieren. Mir reicht das – außer wenn es regnet.

Schade, dass es Nokia nicht mehr gibt. Das waren noch Zeiten...

Ungeduld

Ja, ich gebe es zu – Geduld ist nicht gerade meine Stärke. Aber da ich mir ja zwingend vornahm, und es Ihnen auch versprochen habe nicht zu den alten Grantlern zu zählen, bemühe ich mich darum – wenn es auch manchmal schwerfällt.

Sie haben ja schon gemerkt, ich bleibe gern aktiv und unternehme etwas, denn ausschlafen kann ich ja auch später noch. In alten Büchern liest man immer wieder, dass früher die älteren Herrschaften eher geduldig zu Hause blieben und „hinter dem Ofen" hockten. Mal abgesehen davon, dass ich besser nicht versuchen sollte, meinen sportlich inzwischen mäßig verwöhnten Körper hinter die Heizkörper meiner Zentralheizung zu pressen, so bin ich zum Hocken zu ungeduldig. Nein, ich bin gern unterwegs – allein oder mit anderen.

So wie neulich im Februar. Ich wollte meine Nichte vom Flughafen abholen, sie kam mit einer Lufthansa Maschine aus München. Landung um 18:20 Uhr. Ich war also schon kurz nach 18 Uhr am Terminal, da erreichte mich eine SMS von ihr, dass es wohl etwas später werden würde, die Maschine müsste noch enteist werden. Sie wisse noch nicht genau, wann es losginge, aber der Pilot sei zuversichtlich.

Also suchte ich mir einen Platz in der Nähe der Anzeigetafeln und wartete. Um kurz vor 19 Uhr kam eine neue SMS. Das Flugzeug sei zwar enteist, aber nun sei der Startslot weg, und sie müssten warten. Der Pilot klinge schon nicht mehr ganz so zuversichtlich. Und die Anzeige wies immer noch 18:20 Uhr als Landezeit aus. Ob Lufthansa wohl die Zeit zurückdrehen kann?

Ich beschloss zur Auskunft zu gehen und zu fragen, ob es denn inzwischen Erkenntnisse gäbe, wann die Maschine landen solle. Mit einem Blick auf den Monitor sagte mir die dort sitzende Kollegin, dass sie um 18:20 Uhr landen würde. Auf meinen Hinweis, dass das bereits vor 40 Minuten gewesen wäre, kam nur kurz Unruhe bei ihr auf. Sie schaute erneut auf den Monitor und sagte dann beruhigend: „Ach, ja, die Maschine steht ja auch noch in München". Komisch, ich fand das nicht beruhigend. – Ich solle doch zum Schalter von AHS gehen, die wüssten mehr. – Okay, das tat ich.

Dort erklärte man mir, dass man leider nichts sagen könne. Nur die Lufthansa könne Auskunft geben, aber die habe keinen Counter mehr hier, weil nur noch die Eurowings ab Köln fliegen würde. Auf meinen wohl entsetzten Gesichtsausdruck hin, meinte sie beruhigend, es gäbe einen Check-in-

Schalter für den Flug nach München, der sei allerdings genau am anderen Ende des Flughafens, aber vielleicht könne man dort...

Wandertag.

Wo bleibt meine Ungeduld? Ich wundere mich über mich selbst, wie gelassen ich die gefühlt 10 Kilometer zurücklege. Liegt wahrscheinlich daran, dass ich ja Zeit habe.

Um 19:20 Uhr erreiche ich den Schalter, die Ankunft des Fluges wird angezeigt: 18:20 Uhr. Hat die LH eventuell schon Sommerzeit? Mich erreicht eine neue SMS meiner Nichte. Angeblich soll die Maschine in etwa 15 Minuten starten, aber der Pilot habe überhaupt nicht mehr zuversichtlich geklungen. Ich spreche eine ältere Dame in LH-Uniform an und frage, ob sie eventuell Informationen über die Ankunft des Fluges hätte, da sie ja gerade schon für den Rückflug einchecken würde. Die Dame bedauert etwas säuerlich, sie hätte leider keinen Zugriff auf das „System". Wie denn die Flugnummer wäre?

Ich wies freundlich darauf hin, dass Sie das doch wissen müsse, denn es sei ja schließlich der Hinflug, für dessen Rückreise sie gerade abfertigen würde. – Ja, aber das seien getrennte Systeme, und sie könne mir da nicht helfen. Eventuell AHS auf der entgegengesetzten Seite des Flughafens. Oder ich könne ja auch die Hotline anrufen. Nein, die Nummer haben sie leider nicht, denn sie käme ja nicht ins „System".

Ich habe ja schon mal auf Karl Valentins wunderbare Nummer mit dem „Buchbinder Wanninger" hingewiesen, von der damals alle dachten, sie sei übertrieben. Nein, Herr Wanninger hatte am Kölner Flughafen würdige Nachfolger gefunden.

Am Nebenschalter wurde es unruhig. „Was heißt das – gecancelt?" – „Nun, ihr Flug nach München wurde aus Witterungsgründen abgesagt". –

„Und jetzt?" – Kommen Sie aus Köln?" – „Ja!" – „Wie schön, dann können Sie ja noch eine Nacht zu Hause verbringen. Oder Sie nehmen den Zug" – „Der letzte Zug nach München ist seit 20 Minuten weg und ich muss morgen früh in München sein" – „Ja, das ist blöd...Aber ich sehe grade, Sie könnten morgen früh um 4:14 Uhr fahren". Oder die Hotline anrufen, wobei das „System"... Hilfreiche Kollegen.

19:45 Uhr. Die Anzeigetafel zeigt an, dass die Flüge aller anderen Fluggesellschaften pünktlich landen und starten. Der einzige inzwischen 90 Minuten verspätete Flug ist die LH aus München. Und auf einem TV- Bildschirm sehe ich gerade, dass die Aktie der Lufthansa im Sinkflug ist. Ein halbe Stunde später trifft das auch auf die Maschine aus München zu.

Zwei Stunden Verspätung. Aber ich habe ja Geduld. Und hatte Dank Lufthansa eben noch länger Vorfreude auf meine Nichte.

Am nächsten Tag flog meine Nichte zurück und wollte am Flughafen umbuchen. Sie traf auf die schon bekannte Kollegin aus dem LH Kompetenzgeschwader, die ihr erneut mitteilte, dass das leider nicht ginge, sie käme ja nicht ins „System". Bitte die Hotline anrufen... Meine Nichte sagte mir, dass sie selbst etwas ungeduldig wurde. Aber sie ist ja auch noch so jung...

Übrigens…

Die Hamburger Volksschauspielerin Heidi Kabel hat mal ein Lied gesungen mit dem Titel „Das Alter ist nur 'ne Zahl". Recht hatte sie. Deshalb gehen im Internet die Menschen damit auch sehr freigiebig um. Manche Männer machen sich jünger, um bei jungen Mädchen zu landen, manche machen sich älter, um Erfahrung vorzutäuschen.

Warum stehen so viele nicht zu ihrem Alter? Warum legen Sie sogenannte Filter bei Instagram über ihre Fotos, um jünger, schlanker oder anders zu erscheinen als sie es sind?

Irgendwann holt die Wirklichkeit die Online-Fiktion wieder ein und dann ist das Erwachen umso grausamer. Ich möchte nicht, dass mir irgendwann jemand sagt: „Du siehst dir überhaupt nicht ähnlich."

Das Alter ist nämlich nur 'ne Zahl.

Verkehrsprobleme

Also bevor es hier ein Missverständnis gibt – es geht um Straßenverkehr. Sie haben ja jetzt Zeit, genau wie ich und da kann man dann immer überlegen, mit welchem Verkehrsmittel man am besten pünktlich dort ankommt, wo man gerne hin möchte. Nimmt man den Zug, den Bus, die Straßenbahn oder doch besser das Auto.

Warum wird man eigentlich – so alt wie man wird – nie aus Schaden klug? Ich meine, auf die Herdplatte fassen wir doch auch nicht mehr, seit wir einmal als Kind... Aber alles andere? Sie erinnern sich noch an den Sommer 2018? Es war enorm trocken. Und heiß war es, sehr heiß. Und als ich im nachfolgenden Mai in einem Elektroshop Ventilatoren sah, was dachte ich da? „Unbedingt kaufen, es könnte heiß werden?" Nein, weit gefehlt. Ich dachte nur: „Na ja, so schlimm wird es schon nicht werden".

Aber es wurde schlimm – sogar schlimmer. Und dann versuchte ich im Juli einen Ventilator zu erwerben. Das Hohngelächter hat man wahrscheinlich kilometerweit gehört. Was denkt man sich da? „Ich hab Kreislauf?" Nein. Nur: Selbst schuld!

Ich schweife schon wieder ab, das wird langsam bedrohlich. Ich wollte doch etwas ganz anderes erzählen. Nämlich von meiner Autofahrt.

Neulich bin ich nach Sachsen-Anhalt gefahren. Nein, das meine ich nicht mit „selbst schuld". Es gibt Schlimmeres. An einem Samstag nach Sachsen-Anhalt zu fahren, zum Beispiel – so wie ich das tat. Und noch dazu selbst fahren. Mit dem Auto. Sowas Idiotisches!

Die A2 ist an anderen Tagen schon eine Zumutung, an Samstagen erst recht. Und dabei hätte ich ja Zeit, könnte auch an einem anderen Tag... aber nein! Es muss ja der Samstag sein.

Und natürlich gab es einen Stau. Und natürlich war ich wieder mal zu ungeduldig und nahm die nächste Ausfahrt und die ausgeschilderte Umleitung. Über Landstraßen. Die genau das waren – Straßen, die über Land führten. Mit dazu gehöriger Wirtschaft, also Land-Wirtschaft.

Und was benötigt man zur Landwirtschaft? Jawohl! Trecker, Mähmaschinen – und alle landwirtschaftlichen Nutzfahrzeuge dieses Landkreises hatten sich offensichtlich verabredet, an exakt diesem Samstag ebenfalls diese Straße zu nehmen. Wär ich bloß im Stau geblieben!

Unnötig zu erwähnen, dass der Gegenverkehr ebenfalls aus einer nicht enden wollenden Reihe dieser Fahrzeuge bestand, so dass an ein Überholen auch nicht im Entferntesten zu denken war.

Nein, das nächste Mal nehme ich den Zug. Wobei ich ja da auch so meine Erlebnisse hatte, wie Sie wissen. So saß ich neulich im sehr langsam fahrenden ICE, wobei es mir nach wie vor nicht wirklich einleuchtet, dass der ICE „wegen eines vorausfahrenden verspäteten Regionalzuges" nun seinerseits Verspätung bekommen soll. Aber ich schweife ab.

Im Abteil saß ein jüngerer Mann, mit dem ich ins Gespräch kam und nachdem man so über dies und jenes plauderte, kam das Thema auf den Beruf, und er sagte mir, dass er bei „Herta" arbeitete. Und wir sprachen so über die wirtschaftlichen Zeiten, und ich fragte ihn dann, ob sich denn der Trend zum veganen Essen auch bei ihm bemerkbar mache. Sein Blick bekam etwas Flirrendes, und er fragte, wie ich das meine. Nun ja, erwiderte ich, Rügenwalder machte ja jetzt auch in vegetarischer Wurst, ob Herta da nachziehe? – Pause. – Er arbeitete bei „Hertha BSC." Selbst schuld – erst denken, dann reden.

Warum blieb ich also nicht lieber zu Hause?

Eben. Selbst schuld. Man glaubt ja immer, dass es schon gut gehen wird. Geht es aber nicht. Nie.

Neulich wollte ich zu einer Verabredung in die Stadt. Rentner-Stammtisch. Auch so eine überflüssige Veranstaltung, aber wenn man nicht hingeht, dann reden sie über einen. Also geht man hin und redet über andere. Und ärgert sich, dass man wieder mal selbst schuld war.

An dem Tag stand ich also auf dem Bahnhof und wartete auf die S-Bahn. Lieber die Bahn nehmen, wegen der möglichen alkoholischen Getränke, die man braucht, um sich das Treffen schön zu trinken. Die S-Bahn kam aber nicht. Stattdessen kam eine Ansage, dass wegen eines Notarzteinsatzes „am Gleis" der Zug leider ausfiele.

Grummelnd verließ ich den Bahnhof Richtung Bushaltestelle, tja, dann kam ich eben zu spät. Obwohl man zu diesen Treffen ja meistens früh genug zu spät kommt. Und ich wartete auf den Bus. Der kam aber nicht, stattdessen kam eine digitale Einblendung auf der Infotafel der Haltestelle, dass der Bus wegen eines Verkehrsunfalles ausfiel.

Ich wieder zurück zum Bahnhof. Die nächste S-Bahn fiel auch aus. Betriebsbedingt. Meine Betriebstemperatur stieg langsam in einen bedenklichen Bereich, obwohl ich ja Zeit hatte. Theoretisch. Was die wohl am Stammtisch inzwischen reden...

Ich verließ also den Bahnhof erneut und machte mich auf den Weg zur nächsten, etwas weiter entfernt liegenden Straßenbahnhaltestelle. Dort stand schon eine größere Traube an Menschen, die ebenfalls warteten. Ich stellte mich zu einer Gruppe von Frauen, die deutlich Spaß hatten. Als ich zuhörte, wusste ich auch warum – sie redeten über den offensichtlich schon etwas länger zurückliegenden Tod ihrer Ehemänner. Beendet wurde das Kapitel übrigens durch einen universellen Stoßseufzer einer der Damen: „Mann, hab ich einen Brand!"

Nachdem alle unterschiedlichen Todesarten der Verblichenen ausgiebig diskutiert wurden, kam der Lobgesang über die Sprösslinge. Da musste wohl in Köln eine ganze Generation an MENSA-Absolventen heranwachsen, alle hochbegabt, liebenswert, einzigartig. Ich bewunderte die Mütter. Nicht wegen der Kinder, nein – wegen ihrer Fähigkeit pausenlos zu reden ohne Luft zu holen. Gab es Kiemenatmung auch bei Frauen? Ich schaute verstohlen hin, entdeckte aber nichts.

Dafür entdeckte ich etwas anderes – eine Einblendung auf der Infotafel; „Technische Störung" – keine Straßenbahn. Fast eine Stunde hatte mich das Chaos des Nahverkehrs inzwischen schon gekostet, also holte ich mal wieder das Auto aus der Garage und war in 20 Minuten beim Stammtisch. Selbst schuld!

Ein Stammtisch nur mit Mineralwasser ist übrigens etwas, das die Genfer Konvention unter Strafe stellen sollte, aber ich durfte ja nichts trinken.

Was ich vergaß zu erwähnen – auf dem Rückweg gab es auf der Rheinbrücke wohl einen Verkehrsunfall. Ich stand eine ganze halbe Stunde lang im Stau. Selbst schuld!

Deshalb mein Tipp für Sie: Einfach lieber zu Hause bleiben. Es wird am Stammtisch ohnehin nur über andere gesprochen.

Wehlahn

Und dann hab ich jetzt ja auch Wehlahn – warum auch immer. Aber mein Neffe sagte, das müsse man haben, und er hat mir die Gebrauchsanweisung gleich ausgedruckt. Mit diesem Wehlahn bin ich immer und überall onlein. Warum auch immer. Bislang musste ich meinen Rechner oder mein Schmahtfohn an ein Kabel anhängen, ging auch. Aber nun habe ich Wehlahn und alles soll viel einfacher werden. Hat man mir schon damals im Telefonladen versprochen, als ich mal wieder meinen Vertrag verlängern wollte. Also eigentlich eben nur verlängern, sonst nix. Und nun hab ich auch noch Wehlahn. Die können einem aber auch einen Knopf an die Backe quatschen. Und es ist ja so praktisch, das Wehlahn. Sagt mein Neffe. Und ich hätte ja jetzt auch Zeit, mich damit zu beschäftigen, sagt er. Der weiß gar nicht, was ich alles zu tun habe. Aber nun habe ich eben Wehlahn.

Haben Sie auch Wehlahn? Wenn nein – erhalten Sie sich diesen paradiesischen Zustand. Sonst bekommen Sie noch Zustände. Wenn es denn funktioniert. Mein Wehlahn macht seinem Namen alle Ehre. Es tut wirklich weh. Sich selbst und mir. Hängt sich dauernd auf. Den Satz „Ein technisches Problem ist aufgetreten, versuchen Sie es später nochmal" kann ich schon mitsprechen. Ich könnte ja Frau

Cortana fragen, die sich ohnehin immer einmischt, aber die kann mir auch nicht mehr sagen als „ein technisches Problem ist aufgetreten". Und das Problem heißt eben Wehlahn.

Dabei wäre das eigentlich eine gute Idee, wenn es denn funktionieren würde. Neulich im Flugzeug las ich, dass die Lufthansa jetzt einen Hotspot eingerichtet hat. Das ist weder der Mitteplatz in Corona-Zeiten, noch ein besonderer Platz für Menschen die zu Frostbeulen neigen, sondern ein Wehlahn in der Luft. Also theoretisch. Praktisch muss man sich einen Zugang mit einem Tagespass bei der Telekom kaufen. Ist also eher eine verkaufsfördernde Maßnahme.

Aber Wehlahn ist ja jetzt ohnehin fast überall. In Kneipen, in Bahnhöfen – kann man überall ins Netz. Und damit ist nicht das Schienennetz gemeint. Ich finde das super, denn wenn man schon mit viel Geduld auf die Bahn warten muss, kann man ja onlein eine Runde Patience spielen.

Zeit und Geduld muss man bei der Bahn ja immer mitbringen. Passt also alles prima. Wenn's funktioniert.

Für das Wehlahn braucht man ein Passwort. Für das Internet auch. Und auch für die sozialen Netzwerke, die ja leider häufig eher asoziale Netzwerke sind. Und für die Telefonrechnung, den Stromanbieter, die Versicherung und so weiter. Und möglichst – so las ich – nicht immer dasselbe Passwort nutzen, sondern immer andere. Und auch keine einfachen, sondern eher so „Xzylon751!?" - also eines, das man sich eben auch gut merken kann.

Und dann soll man die Passworte auch regelmäßig ändern. Ich nutze in unregelmäßigen Abständen ungefähr 25 Internetportale, die passwortgeschützt sind. Wenn ich da alle 3 Monate die Passworte ändere, wie das empfohlen wird, dann muss ich mir ja nur 100 Passworte im Jahr ausdenken, und die dann auch noch immer behalten. Ich glaube ja, dass man das nur macht, damit wir Menschen im Alter immer schön Gedächtnistraining betreiben.

Neulich jedenfalls wollte ich was bei Amazon bestellen und kam nicht rein. Mein eigentlich leicht zu merkendes Passwort „7!zwGyl" stimmte nicht mehr. Ich habe alles versucht, wollte mein Passwort zurücksetzen lassen – aber mein Wehlahn hatte wieder ein technisches Problem. Da bin ich eben in die Stadt gefahren und habe mir das Buch einfach ganz analog gekauft. Ging auch. Und ohne Problem. Und ich hatte automatisch „same day delivery".

Ich bin sicher kein „Digital Native" – aber ich bin eben auch nicht digital naiv. Das Einzige was ich habe ist... na, Sie wissen schon. Kommen Sie, wir gehen zum Einkaufen in die Stadt und schauen den Paketdiensten zu, die da unterwegs im Stau stehen.

XY

„Alles nimmt uns das Alter, sogar den Verstand", sagt Virgil, der alte Lateiner. Das ist natürlich total übertrieben, wobei... Kennen Sie das auch? Ich bin sicher. Im Alter lässt das Gedächtnis leider etwas nach. Da begegnet man einem Menschen, sieht das Gesicht und weiß genau: Wir kennen uns! – Aber woher? – Und wie war noch mal der Name?

Total blöde Situation. Und je mehr man sich verkrampft und nach der Lösung sucht, umso weniger fällt einem ein. Da hilft nur eines: Locker bleiben! Ein freundliches „Hallo! – Wir haben uns aber auch lange nicht mehr gesehen" stimmt meistens. Selbst wenn es gestern war, so 24 Stunden können ja lang sein.

Und dann bleibt nichts anders übrig, als durch geschickte Gesprächsführung herauszufinden, wer das ist und woher man sich eventuell kennen könnte. Wenn man Glück hat, dann klappt das. Dann bloß nicht übertrieben mit dem Namen herausplatzen, sondern eher locker bei der Verabschiedung ein fröhliches „Bis dann, Marianne" hinterherschicken. Das bleibt in Erinnerung und Marianne wird allen erzählen, dass Sie sie „sofort wiedererkannt" haben. Schon aus Eigeninteresse. Sie sind aber auch ein Fuchs!

Und wenn das nicht gelingt? Dann gibt es zwei Möglichkeiten – Sie versuchen zu erkennen, ob Ihr Gegenüber überhaupt noch weiß wer SIE sind – im negativen Fall ist es ohnehin egal. Oder Sie bekennen Farbe und sagen: „Hilf mir noch mal eben, wann haben wir uns zuletzt gesehen. Du weißt, das Alter... hahaha". Dann bekommen Sie den nötigen Hinweis, wissen aber auch, dass Ihr Gegenüber demnächst sagen wird: „Du, der/die XY ist aber auch alt geworden, der/die hat mich beinahe nicht erkannt."

Na und? Das geht doch den meisten so. Viel schlimmer ist es doch, wenn Sie jemanden sehen, aber wenn der/diejenige SIE nicht mehr erkennt. Aber dann können Sie immer noch sagen: Also der ist vielleicht alt geworden, hat mich fast nicht mehr erkannt.

Nun frage ich Sie – was ist besser?

Äh – wie war nochmal die Frage?

Zu guter Letzt

Glückwunsch – Sie haben es gleich geschafft. Und ich möchte Ihnen am Ende noch einen wichtigen Rat geben: Hören Sie nicht auf Ratgeber! Die Buchläden quellen über von guten Tipps für den Darm, für die Psyche, für die Freizeit, für das Schmahtfohn.

Hören Sie nicht darauf, hören Sie auf Ihren Verstand. Der ist zumeist der bessere Ratgeber, auch wenn der innere Schweinehund immer wieder versucht, den Verstand zu übertönen.

Ich bemühe mich darum, mein Gehirn immer wieder zu überraschen. Denn um gut zu funktionieren, braucht dieses Organ permanente Herausforderungen. Routine lähmt den Kopf, und es ist so einfach, der Routine zu entfliehen.

So steige ich ab und an eine Station früher aus der Bahn und laufe den Rest. Dabei entdecke ich neue Häuser, veränderte Ladengeschäfte oder wunderschön angelegte Gärten, die ich vorher nicht gesehen hatte.

Natürlich können Sie auch Russisch oder Chinesisch lernen – aber warum? Nehmen Sie sich einfach ein Lexikon und schlagen es irgendwo auf oder googeln Sie irgendein Wort und schauen dann nicht am Anfang, sondern erst auf Seite 10 der Suchergebnisse nach. Dort werden Sie wunderbare neue Worte finden, Ihr Gehirn damit beschäftigen und überraschen. Natürlich vergessen Sie das meiste sofort wieder – aber das ginge Ihnen mit Russisch oder Chinesisch genauso. Und woher glauben Sie habe ich die „nichteuklidische Geometrie"? Eben. Manchmal hilft das.

Wahrscheinlich können Sie auf einem Partygespräch nicht mit Einzelheiten des niedersächsischen Stützenwechsels protzen, aber wer weiß? Vielleicht gelten Sie auf Ihre alten, pardon, älteren Tage noch als „intellektuell"?

Und ist Ihnen aufgefallen, dass fast alle Supermärkte Sie gegen den Uhrzeigersinn leiten? Angeblich haben Psychologen herausgefunden, dass wir automatisch langsamer werden, wenn wir gegen den Uhrzeigersinn gehen, weil wir unsicher sind. Und damit verlängert sich die Verweildauer im Supermarkt.

Und nun schlagen Sie diesen Experten ein Schnippchen und überraschen zusätzlich Ihr Gehirn – und machen Sie Ihren Einkauf im Uhrzeigersinn. Sie werden sehen, das funktioniert! Ihre Einkaufsroutine wird unterbrochen und darüber freuen sich Ihre grauen Zellen.

Treiben Sie Sport, wenn Sie wollen auch Golf. Ich schwimme, spiele Badminton und gehe einigermaßen regelmäßig in die Muckibude. Das gibt mir ein gutes Gefühl und wenn Sie dort auch die Übungen variieren und nicht immer dasselbe in derselben Reihenfolge absolvieren, dann tun Sie etwas für alle Muskeln, auch für den im Kopf.

Darf es eher körperlich ruhiger zugehen, dann sind Kreuzworträtsel ein beliebtes Mittel. Aber dann bitte welche, bei denen Sie etwas um die Ecke denken müssen. Bei allen Rätseln, in denen nach irgendwelchen Nebenflüssen, Gebirgsmassiven oder Veilchen-Unterarten gefragt wird, sollten Sie vorher von Kurt Tucholsky „Kreuzworträtsel mit Gewalt" lesen. Das ist Aufheiterung pur.

Aber andere Rätsel, wie das aus dem ZEIT-Magazin oder auch Teekesselchen-Rätsel aus den Rätselmagazinen, die sind gut, weil sie das Gehirn fordern und herausfordern. Nicht nur nutzloses Wissen abrufen (siehe oben die Geometrie), sondern Sie zum Knobeln anregen, zum Nachdenken. Das macht Spaß. Und hilft.

Und strengt auch an, nicht umsonst spricht man von „Gehirn-Jogging".

Aber das Wichtigste bleibt: Seien Sie heiter, haben Sie Freude. Und lassen Sie sich nicht ärgern, sondern ärgern Sie zurück. Man hält uns Ältere manchmal für etwas zurückgeblieben. Nutzen wir das aus und lassen die anderen zurückbleiben – zu unserem, zu Ihrem Vorteil.

Sie und ich haben jetzt viel Zeit, das stimmt. Aber es gibt noch so viel zu tun. Und immer nur ausschlafen ist auch keine Lösung. Übrigens – kennen sie die Biografie von Helmut Schmidt?

Danksagung

Ich habe vielen Menschen für den Anstoß zu diesem Ratgeber zu danken. Zunächst meiner Freundin Stephanie, die unermüdlich als Antreiberin unterwegs war. Dann meinem Freund Wolfgang, der alle Texte als Erster um die Ohren bekam und kritisch kommentierte.

Den ermutigenden Reaktionen von Tine, Barbara, Astrid und Kerstin habe ich es zu verdanken, nicht vorzeitig aufgegeben zu haben und den Kolleginnen und Kollegen von PRIMA, dass dann daraus wirklich ein Buch wurde.

Ein Dank auch an Frank, der Anne Dohrenkamp zu der wunderbaren Illustration auf der Titelseite bewegen konnte.

Ich danke allen Freund*en, die mich mit ihren eigenen Geschichten, Erlebnissen, Ideen und Anregungen unterstützt haben und nicht zuletzt danke ich Ihnen, wenn Sie Spaß hatten. (Und vielleicht sogar davon erzählen).

Wenn nicht, dann sind Sie einfach noch zu jung. Wir lesen uns wieder in ein paar Jahrzehnten.

Bis dahin – schlafen Sie gut!